U0877882

“尼雅遗址”配图

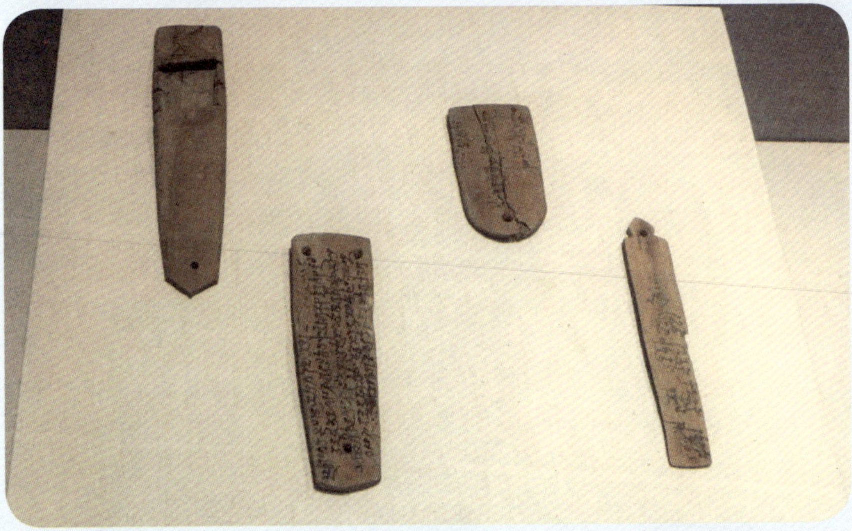

上：尼雅遗址出土的蜡染纺织品

下：尼雅遗址出土佉卢文木牍。新疆维吾尔自治区博物馆藏。杜飞摄。

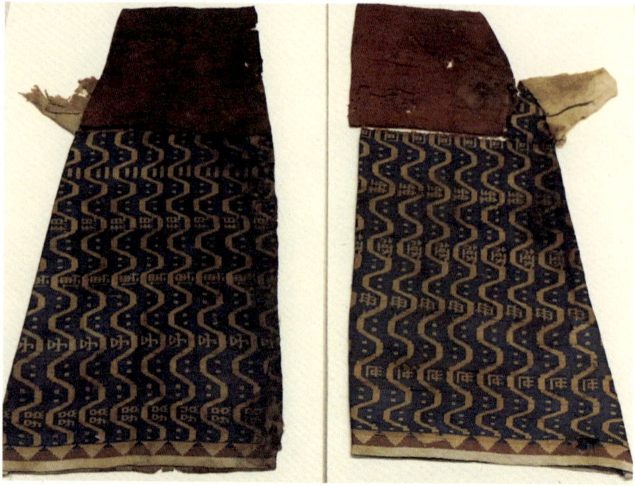

“世毋极锦宜二亲传子孙”锦手套。

新疆维吾尔自治区博物馆藏。杜飞摄。

“讨南羌”锦手套。

新疆维吾尔自治区博物馆藏。杜飞摄。

“王侯合昏千秋万岁宜子孙”锦枕。
新疆维吾尔自治区博物馆藏。杜飞摄。

“五星出东方”锦护膊

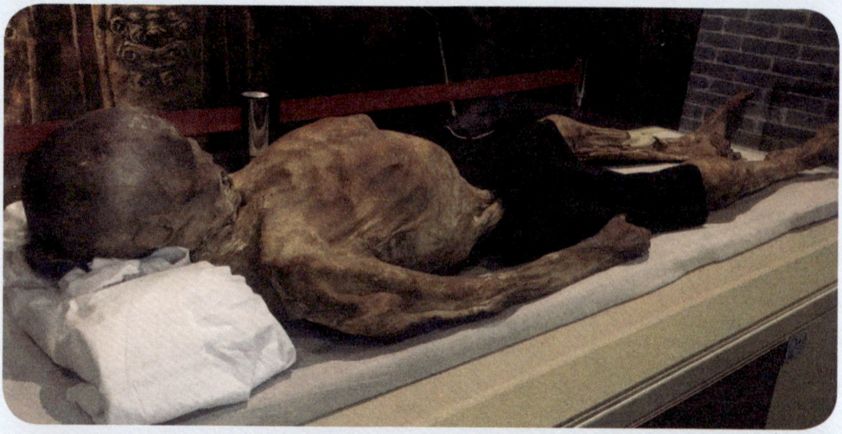

上：**阿斯塔纳古墓群张雄干尸**。新疆维吾尔自治区博物馆藏。杜飞摄。

下：**小河公主**。新疆维吾尔自治区博物馆藏。杜飞摄。

左：**古克罗根人**。爱尔兰国家博物馆藏。

右：**男女墓主人**。新疆维吾尔自治区博物馆藏。杜飞摄。

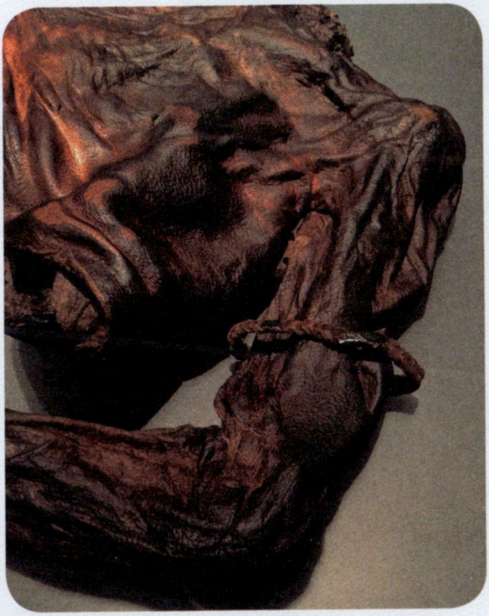

“马王堆遗址”配图

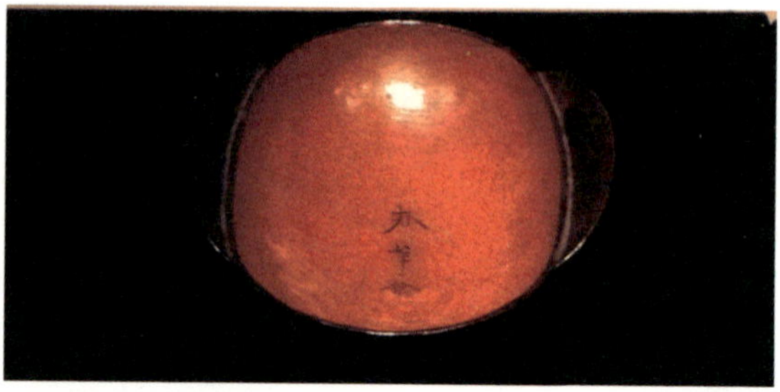

“君幸食”漆耳杯

“牛脯笥”木牌

白膏泥。

木椁四周包裹着的白膏泥，黏性强，密封性好，可以有效地防水防渗透。

彩绘云纹漆匕

辛追夫人印，刻有铭文“妾辛追”字样。

利豨墓出土的“軑侯家”云龙纹漆盘。

它是一种盥洗用具。盘底书写了铭文“軑侯家”。利豨是辛追夫人和利苍的儿子，第二代軑侯。

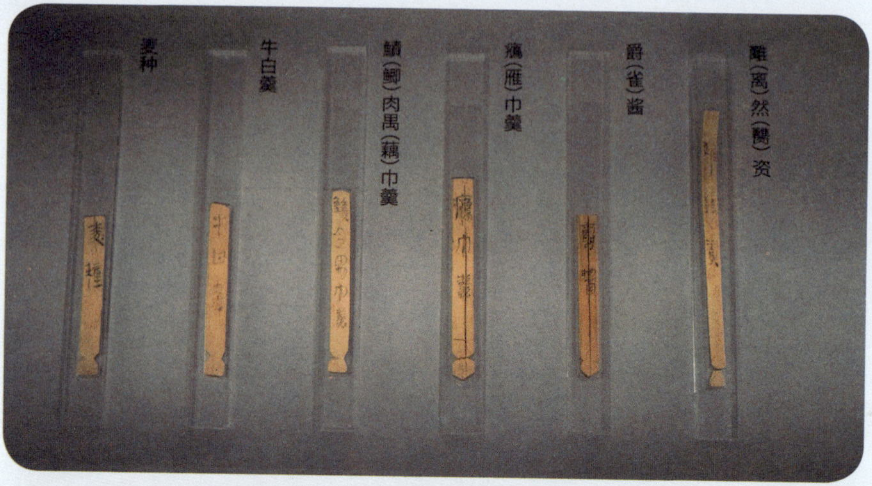

上：马王堆出土的各种食物签牌

下：媒体在马王堆发掘现场拍摄

上：马王堆三座墓葬分布

下：**木炭**。在木炭和白膏泥的共同作用下，椁室与外界隔绝，形成恒温、恒湿、缺氧的环境，从而得以完好保存。

上：一号墓出土的朱地彩绘漆棺

下：三号墓出土六博具

上：**陶郢称**

下：**陶半两钱**

上：一号墓出土的 T 型帛画，与木棺椁均为中华人民共和国禁止出国（境）展览文物。

下：**长沙丞相铜印**

云纹漆案

云纹漆食奁

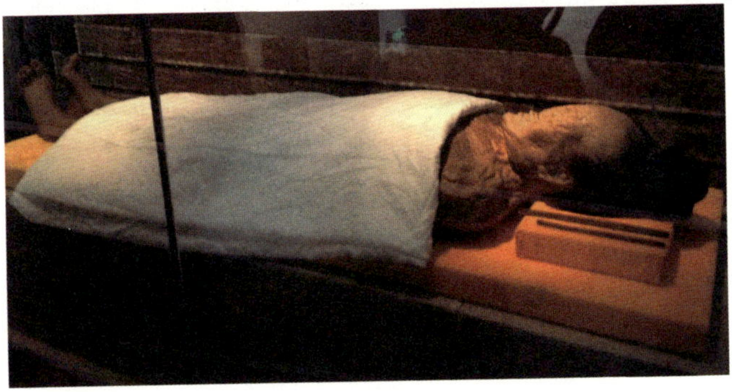

辛追女尸

“贾湖遗址”配图

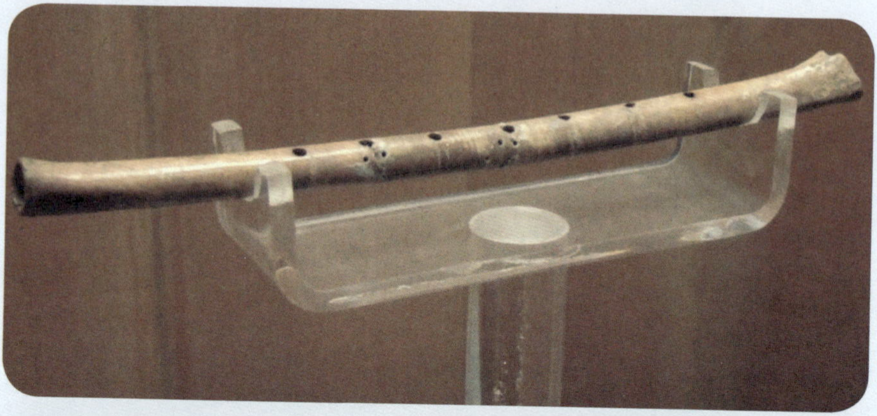

上：**贾湖骨笛**。贾湖骨笛是世界上出土年代最早、保存最为完整、出土个数最多且现在还能用以演奏的乐器实物。贾湖骨笛是用鹤类动物的尺骨锯去两端关节钻孔而成。制笛之前贾湖人曾经认真计算，笛子制成后还运用打小孔的方法调整个别孔的音差，制作方法和过程，与现在民族管乐器的制法很相似。它反映出贾湖人已经有了音与音之间距离差别的基本概念。

下：**贾湖遗址出土石磨棒石磨盘**。河南省博物馆藏。

刻符龟甲。

其中有个人工刻划的凿刻符号，类似人类的眼睛形状。

“定陵”配图

明定陵，明代万历皇帝的陵墓。现为对外开放的博物馆，地宫可以进入。

明神宗遗骸

上：明定陵宝城

下：明定陵地宫棺床及棺椁复制品

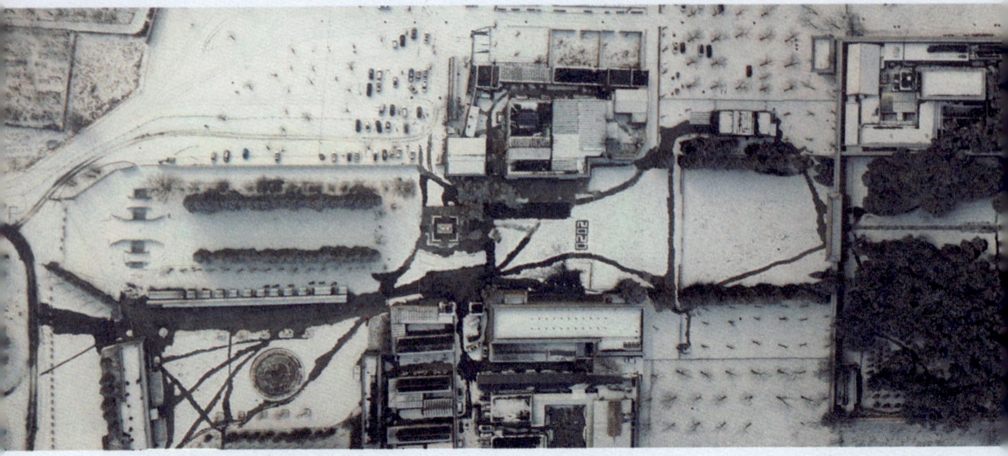

明定陵中轴线鸟瞰图

“满城汉墓”配图

“中山内府”铜锺。

出于刘胜墓中室。肩部宽带上有铭文：“中山内府锺一，容十斗，重（缺文），卅六年，工充国造。”河北博物院藏。

“中山内府”铜镬。

口沿有铭文：“中山内府铜镬，容十斗，重卅一斤，卅九年九月己酉，工丙造。”此器为断定墓主人身份提供了有利证据，西汉中山王只有刘胜在位时间超过39年。铭文对于时间的记载精确到日，这在满城汉墓刻铭铜器中是唯一的一件。

金缕玉衣。

河北博物院藏。

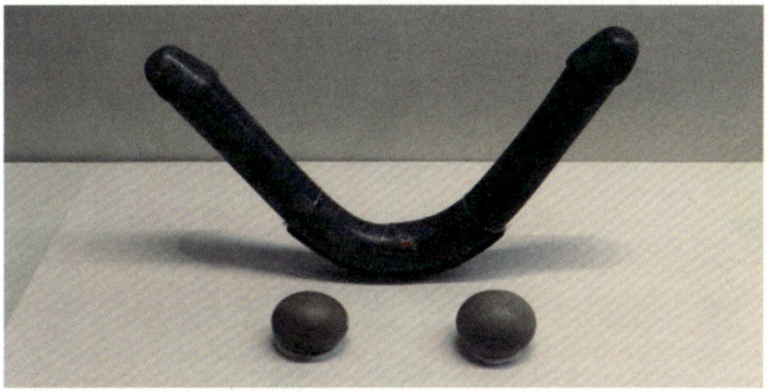

双连铜祖。

河北博物院藏。

铜链子壶。

出于刘胜墓中室。形似橄榄，盖面和肩部各有环钮四个，盖面钮上系短链，肩部钮上系长链。长链穿过盖上短链后系于一个大吊环上，可使壶盖紧扣不脱，即可手携，又可肩背，是旅行用的酒器。河北博物院藏。

“曾侯乙墓”配图

曾侯乙编钟。

湖北省博物馆藏。
周佺摄。

蟠螭纹金盏、镂空龙纹金匕。

湖北省博物馆藏。
周佺摄。

青铜鼓座。

湖北省博物馆藏。
周佺摄。

青铜建鼓底座。

湖北省博物馆藏。
周佺摄。

青州龙兴寺遗址

上：**北齐贴金彩绘思惟菩萨像**。青州博物馆藏。

左：**东魏贴金彩绘石雕菩萨立像**。青州博物馆藏。

右：**北齐石雕菩萨头像**。青州博物馆藏。

“奥茨冰人”配图

奥茨冰人发现地

左：**奥茨冰人复原图**

右：**冰人身上的纹身**

左：**奥茨冰人铜斧复制品**

右：**奥茨冰人鞋复制品**

“奥杜威峡谷” 配图

奥杜威峡谷

东非人鲍氏种。
肯尼亚博物馆藏。

能人头骨化石

东非人鲍氏种复原图

能人复原图

上：砍砸器

下：路易斯·利基和夫人

围观考古现场

项木咄 —— 著

中国致公出版社

图书在版编目（CIP）数据

围观考古现场 / 项木哋著 . -- 北京：中国致公出版社，2020

ISBN 978-7-5145-1715-6

Ⅰ . ①围… Ⅱ . ①项… Ⅲ . ①考古 - 通俗读物 Ⅳ . ① K85-49

中国版本图书馆 CIP 数据核字（2020）第 203918 号

围观考古现场 / 项木哋 著

出　　版	中国致公出版社 （北京市朝阳区八里庄西里 100 号住邦 2000 大厦 1 号楼西区 21 层）
发　　行	中国致公出版社（010-66121708）
策划编辑	刘连生
责任编辑	贺长虹
特约编辑	慕　虎
装帧设计	樱　瑄
印　　刷	三河市中晟雅豪印务有限公司
版　　次	2021 年 1 月第 1 版
印　　次	2021 年 1 月第 1 次印刷
开　　本	787mm × 1120mm　1 / 32
印　　张	8
字　　数	134 千字
书　　号	ISBN 978-7-5145-1715-6
定　　价	48.00 元

（版权所有，盗版必究，举报电话：010-82259658）

（如发现印装质量问题，请寄本公司调换，电话：010-82259658）

目录

一　精绝古城　1

二　马王堆遗址　23

三　贾湖遗址　40

考古专题　如何确定一个遗址的年代？　59

四　定陵　64

五　郭庄楚墓　85

六　满城汉墓　104

七　曾侯乙墓　120

八　青州龙兴寺佛教造像窖藏　140

考古专题　如何找到一个考古遗址？　156

九　日本上高森遗址　162

十　奥茨冰人　176

十一　奥杜威峡谷　196

考古专题　考古与盗墓有什么区别？　213

一

精绝古城

在一片茫茫沙海中，一轮红日在地平线的尽头缓缓升起，那光芒从暗红色慢慢转为玫瑰色、血红色，最后化为万道金光，照耀着胡八一一行人疲惫的身躯。在这金黄色的光芒下，一片古老而又恢弘的废墟呈现在众人面前，断壁残垣，各种房屋建筑歪七扭八地斜着，仿佛已经伫立了很久很久，等待着世人前来发现。此时，Shirley 杨拿出一张发黄的老照片，看着眼前同照片里一模一样的景色，热泪盈眶："这就是精绝古城，我们找到了……"

这是《鬼吹灯之精绝古城》里的一个片段。在小说里，主角胡八一等人历经千难万险，终于在塔克拉玛干沙漠的深处找到了传说中的精绝古城。

我为什么要在开篇先说这个片段呢？这是因为在这几年，盗墓类和探宝类小说、影视剧极其盛行，几乎每一年都有热播剧出现，间接的，也让很多人对考古学产生了兴趣。很多朋友会来问我，在小说里面，吴邪、胡八一这些主角，一会儿进入秦岭腹地探险，一会儿又到白雪皑皑的长白山寻找传说中的云顶天宫，书中描述的这些神秘古墓、遗址，现实中真的存在吗？

说实话，自从学考古这门专业以来，也算看了不少考古发掘报告，我是很难将现实中大多数“平平无奇”的遗址和小说里那些诡谲的场景相对应的。不过，天下霸唱写小说，确实会向现实中的考古遗址借鉴，比如这一章的主角“精绝古城”，这个连名字都透露着玄幻气息的遗址，就是个真真切切存在的考古遗址。

那么，“精绝古城”到底有着怎样神奇的故事呢？

● 精绝古城

故事的开始，要从一位外国考古学者说起。清末民初，中国正饱受内忧外患之苦，而中国的腹地——新疆地区，因为地广人稀、气候干燥，大部分文物得以保存，成了全世界探险家、地理学家和考古学家最向往的地方。

1900年，一位名叫斯坦因（M.A.Stein,1862~1943）的英国考古学家，从印度经过克什米尔地区进入新疆塔克拉玛干沙漠，开始第一次中亚探险，从此揭开了发现精绝古城的序幕。

1901年1月，他和他的探险队结束了第一次探险，来到了尼雅河绿洲。在日后出版的《沙埋和田废墟记》里，斯坦因这样描述尼雅河绿洲：

尼雅绿洲是由沿着从苏喀克附近山上流下来的小河两旁一系列小村庄和乡镇组成的，小河的上游叫做乌鲁克沙依峡谷河。下午3时以后，我来到了耕作区西部边缘的康沙利小村庄，再行2英里路远，就进入了尼雅巴扎所在的中心村镇，受到了当地伯克代表的热情接待，并且在街口附近一家巴依的房子里为我们准备了满意的宿处。正赶上尼雅巴扎每周一次的集日。虽然已近黄昏，可是在这长约八分之一英里的狭窄街道两侧，棚舍前仍显出一派热闹景象。巴扎上摆着很多从和田运来的干果和糖果、葡萄干，还有中原出产的茶叶及各种调味品，优质核桃和一种淡红色的葡萄则是当地出产的。人们似乎都正忙于为了过好开斋节而选购这些奢侈品。

尼雅绿洲，现在是民丰县城的所在地。这是一个处于沙漠边缘地带的小城镇，大约只有两万左右的人口。这里的人们，世代以尼雅河的水源和绿洲的土地为生。斯坦因笔下所说的“巴扎”，在维吾尔语中是“集市”“农贸市场”的意思。而正是这个“巴扎”，给了斯坦因发现“精绝古城”线索的契机。

一天，他的一位名叫哈桑阿洪（Hassan Akhun）的驮夫在“巴扎”上闲逛的时候，偶然发现了一个名叫伊不拉欣（Ibrahim）的当地农民从北方沙漠里带回来的两块写有字迹的木板。当他们把这些木板拿给斯坦因看的时候，精通八国语言、极具语言天赋的斯坦因立马认出，这些歪歪扭扭的文字，正是一种叫做佉卢文的印度古文字。

说到这个佉卢文，现在可能没几个人听说过。但是在古代，尤其是在秦汉时期，佉卢文可是一种在中亚地区广为流通的文字。就目前所知，佉卢文最早的遗迹，是印度孔雀王朝阿育王统治犍陀罗（中心在今天巴基斯坦北部的白沙瓦地区）时颁布的摩崖法敕。到了公元一世纪左右，当时的古印度贵霜王朝国力强盛，佉卢文作为一种文化符号，迅速渗透到了丝绸之路的各个角落，成为当时流行的通商文字和佛教文字，还一度流传到了当时的洛阳。

这种文字的书写也很有趣，它由 252 个不同的符号表示各种辅音和元音的组合，从右向左横写的，看上去就像蝌蚪。开头提到的《鬼吹灯之精绝古城》这个小说，其中有一幕就是探险小队进入昆仑山裂缝里寻找九层妖塔，在崖壁上发现了“鬼洞文”。这鬼洞文写得歪歪扭扭，其实原型就是佉卢文。再后来，随着贵霜王朝式微，佉卢文在公元四世纪中叶的时候就已经消失了，直到 1837 年才重新被英国学者普林谢普破解。

消失的神秘文字在新疆地区重新出现，敏锐的斯坦因立刻嗅出了其中暗藏的玄机。他在后来的《西域考古记》中回忆道：

曲折的字体，淡淡的墨迹，当时不能认读，但是握在我手里的文书是用一种古印度字体写成，印度发现的这一类字体的东西除去石刻而外，没有能更古于此者，那是毫无疑义的。仅由字体即可以决定我所要去的遗址的年代之古。

于是他按捺住自己的喜悦之情，买下了这两块木板，并不失时机地邀请伊不拉欣当他们的向导，并且保证，如果他能够把他们顺利带到发现木板的地方去，就可以得到一笔优厚的报酬。

连续几天的艰难跋涉，探险队经过了红柳树与野白杨林地带，路过了一个个专为礼拜者设置的避荫之所，穿过了一望无垠的低沙丘，终于在一片地势较为开阔的地带，见到了伊不拉欣之前捡到木简的地方。

从斯坦因后来留下的图片资料和文字记录中，我们发现这里应该曾是一个古人的居所。因为年代久远，房屋内堆满了沙子，远远望去，就像是一座隆起的小台地。令人惊讶的是，这里所有的东西似乎都保持着原先的模样：房屋的立柱、门板、窗户，甚至屋外的栏杆，都摆在当年的位置，安然无恙；屋内的一些生活用品，比如陶器、铜镜、钱币等，也都摆放得整整齐齐。

更让人震惊的是，居所的储藏室里竟然堆放着厚厚的谷子，细细瞧的话，还能看到谷子上金黄色的绒毛。而斯坦因此行主要的目标——佉卢文书，一整叠一整叠地摆放在屋内的墙壁旁。

这实在是个伟大的发现。斯坦因按捺住激动的心情，花了半个月时间，兴冲冲地装了满满十几大箱子文物，全部运回了英国伦敦，其中就包含595件佉卢文木牍和汉简、皮革文书。

别看这数量听着不多，但却超过了当时已发现出土的所有佉卢文的总和。除此之外，斯坦因还带走了数量巨大的木、铜、陶、金、玻璃器和纺织品等遗物。

因为这片废墟位于尼雅河畔，斯坦因把它命名为“尼雅遗址”。

● 精绝古城和尼雅遗址

等等，故事讲到这里，我们提到的都是尼雅遗址，开头聊的“精绝古城”去哪了？其实啊，这“精绝古城”，就是斯坦因发现的尼雅遗址的别称。只是当时的斯坦因，并没有意识到这一点。

对有文字记载的历史时期的考古学研究，历史学可以很好地起到补充的作用。我们可以通过遗址中透露出来的信息，匹配到我们熟悉的历史事件，从而使人类的过去变得清晰可感。

一开始，斯坦因也不知道是什么人曾经生活在这片土地上，并且留下了那么多文字。在研究佉卢文书的过程中，斯坦因发现里面经常出现一个叫 Khotan 的名词，有时候也被写成 Kustana 的形式。联系上下文，斯坦因推测这代表的应该就是尼雅古城所属地方的州府名称。因为这个地名的发音与古汉语“精绝”相近，所以斯坦因推测，Khotan 可能就是汉文中的“精绝国”。

“精绝”这个词第一次出现，是在东汉历史学家班固编著的《汉书·西域传》中：

精绝国，王治精绝城，去长安八千八百二十里。户四百八十，口三千三百六十，胜兵五百人。精绝都尉、左右将、译长各一人。北至都护治所二千七百二十三里，南至戎卢国四日行。地厄狭，西通扜弥四百六十里。

从史料记载来看，精绝国的人口大约只有三千三百多口，规模比现在一个乡镇还要小，但是因为地处丝绸之路南道，具有巨大的战略意义，因而成了汉代西域三十六国之一。所谓的西域三十六国，是汉代对西域各国的总称，其实数量并不止三十六国，比较有代表性的是龟兹、楼兰、乌孙等国。

精绝国的周围，遍布着像楼兰、且末、鄯善这样的国家。到了东汉末年，精绝国边上的鄯善逐渐强大，开始吞并周边的小国，建立起了一个西至尼雅河、东至敦煌的鄯善王国。精绝国小力弱，自然不能幸免，沦为了鄯善统治下的一个州。

最后，随着鄯善王国的灭亡，精绝也于公元 5 世纪左右销声匿迹。

不过，精绝国并没有在历史中彻底湮灭。两百多年后的唐代，大名鼎鼎的玄奘（约公元 600 年 ~ 公元 664 年）在西行取经的过程中，曾与精绝国有过交集。贞观十八年前后，玄奘沿着塔里木盆地南道返回长安，亲眼看见了当时尼雅和楼兰等地的景象。他在《大唐西域记》中记载了此行的见闻：

> 行二百余里至尼壤城，周三四里。在大泽中。泽地热湿，难以履涉。芦草荒茂，无复途径。唯趣城路仅得通行。故往来者，莫不由此城焉。而瞿萨旦那（于阗、和田）以为东境之关防也。从此东行入大流沙。沙则流漫，聚散随风。人行无迹，遂多迷路。四远茫茫，莫知所指。是以往来聚遗骸以记之。

玄奘的叙述中提到了一个叫“尼壤”的地名，而在尼雅遗址出土的佉卢文书中，反复提及“nina”一词，根据语言学家的考证，“nina”很可能就是“尼壤”的于阗语的译音，而现在的“尼雅”一词，就是由“尼壤”演变而来的。由此我们可以推测，1300 多年前玄奘所看到的那片荒凉之地，就是现在的尼雅遗址，也就是曾经的精绝古国。只不过，“芦草荒茂，无复途径”，昔日繁盛的沙漠之国已完全不复鼎盛时的模样了。

说到这里，有人可能会说，仅仅凭借一个佉卢文地名的推演，就将尼雅遗址和精绝古城联系在一起，会不会太牵强附会了？确实是，考古学是一个特别强调证据的学科，所以我们还需要一些更加直接有力的证据，比如在遗址中找到直接带有“精绝”二字的文书。

巧的是，历史的剧本就是这样安排的。1931 年，斯坦因第四次进入新疆探险，再次来到这个让他魂牵梦萦的地方。这一次，他从遗址中找到了 26 枚汉代木简（不是佉卢文简），其中一枚汉简上写着：“汉精绝王承书从……”，明明白白的“精绝”二字，昭示了出土木简的尼雅遗址就是精绝国的所在地。

尼雅，毫无疑问，就是《汉书·西域传》中的精绝国故址。

● 围观考古现场：神秘的沙漠古国

尼雅遗址的故事，还远没有结束。中华人民共和国成立之前，新疆地区的考古基本上是被西方的学者和探险家所垄断的。一直到了 20 世纪 50 年代，我们的考古学家才开始逐渐深入研究尼雅遗址。

从 1959 年开始，考古学家们多次对尼雅遗址进行了发掘，尤其是在 20 世纪 90 年代之后，由中国、日本有关方面联合组织的“中日共同尼雅遗迹学术考察队”，对尼雅遗址进行了 9 次预备考察和正式考察，取得了丰硕的成果。

这一部分内容，这里描述得比较简略，因为真正的考古学发掘日常，并不像斯坦因的经历那样充满戏剧感，有的只是对遗址细节的不断苛求与修正。而且，发掘中的很多资料目前还没有披露，所以我们很难还原每一次的发掘情况。不过，正是这一次次的科学考古发掘，出土了很多有价值的文物，使得尼雅遗址逐渐超越了“精绝古城”的狭小范畴，在时间和空间维度上，变得更加清晰。

本章一开始，我们就说了尼雅遗址就是古代的精绝古城，这话没错，但也不全对。只能说，精绝古城只是尼雅遗址的一个时间切片而已。什么意思呢？考古发掘发现，在整个尼雅河200多公里的范围内，距今一万年前就已经有人活动了。到了青铜时代，在尼雅河古河道尾闾地带，地势开阔，特别适合种植植物，于是古代的尼雅人就在这里发展出了早期农业。再之后，汉晋时期，人们在这里建立了精绝王国。精绝国废弃之后，尼雅人又将中心转移到了精绝国以南不远处的尼穰城，这个时候，已是两百年之后的唐代了。

在整个尼雅遗址的发掘中，最有知名度、收获最为丰富的要数1995年的那次发掘。更有意思的是，它以一种十分具有“预言”意味的形式，将尼雅遗址拉进了大众的视野，成为当年的十大考古发现之一。

1995年10月，中国联合日本组成了联合考察团，再次对尼雅遗址进行了考察。根据当时参与考古发掘的北京大学考古文博学院的齐东方教授回忆，当时中国考古队正计划去发掘一处编号为N14的宫殿遗址，结果在沙漠中偶然发现了一个地方有木材露出。根据经验，考古队判断这个木材是经过加工的，下面很有可能是个墓葬。下车后，考古人员确认此处果然是个墓葬，它已经被茫茫的黄沙所覆盖，周围零星分布着枯死的红柳和小胡杨林，墓地里一部分棺木已经被风沙侵蚀殆尽。

于是考古队临时改变计划，立即对墓地进行了抢救性发掘。这个墓地，也就是我们现在熟知的95MN1号墓地。

挖着挖着，考古队员们发现其中一个棺木上覆盖着大量的麦秸草，四周还塞满了干芦苇。面对如此奇特的埋葬方式，大家不由心生警惕，生怕不小心破坏了棺木。小心翼翼拨开苇草后，队员们发现，一片织有彩色几何纹图案的毛毡盖住了棺盖，棺盖是用5块木板拼合而成的，板缝之间还用泥土严密地封合着。棺木看起来保存完好，应该没有被人扰动过，根据以往的经验，棺内的文物应该保存状况完好。果然，打开棺盖后，一男一女两具古尸完整地呈现在大家面前，身子周边摆满了随葬品。

看到两具完整的干尸出土，在场的考古学家们激动万分。

● 古尸

如果要问一个考古学家，毕生最大的愿望是什么？我想很多考古学家会回答：挖出一具保存完好的古尸。

当你面对一具古尸，它的脸上可能还保留着千年前那最初的容颜，时间仿佛没有起任何作用。那种跨越时间与空间的对话，我想是每个考古学家所竭力追求的梦想。而且，一具保存完好的古尸，简直就是一个取之不尽的宝藏，我们可以利用科技考古各方面的手段，复原、推测出它当时的健康状况、死亡原因、生活方式等，进而探讨它所处的社会生活状况。

当然了，尽管现代考古学在全世界已经发展了一两百年，但真正发掘出的完好古尸，仍然屈指可数。一般来说，古尸在一些极端环境下更容易保存下来，比如饱水缺氧的湿地，比如冰天雪地的高山，比如常年不降雨的干旱沙漠地区。因为只有在极端的环境下，微生物的生长才会被抑制，尸体的腐烂速率才会减弱。

一个在西方考古学界非常著名的例子，是 2003 年在爱尔兰的泥炭沼泽中被发现的古克罗根人（Old Croghen）和克洛尼卡文人（Clonycanvan Man）。由于长期处于饱水、缺氧的环境中，这两具尸体被很好地保存了下来。根据碳 14 测年，两具尸体的年代大约在铁器时代。

通过对古尸进行研究，我们得出了许多有意思的结论。比如说，古克罗根人的身高估计 1.98 米，这身高即使是搁到现在，也是美国 NBA 球星的身高了；克洛尼卡文人则更加神奇，居然会使用发胶。

爱尔兰国家博物馆古代文物部门的负责人奈德·凯利在

一次采访中说：

> 这家伙（古克罗根人）在当时肯定是个巨无霸，而另一个人的身材就显得矮多了，大约只有1.57米高。那位矮个子男士看上去试图通过留一种颇为奇异的发型来使自己显得更为高大一些，该发型有点类似于莫西干头，而且他还使用了发胶，其实就是一种来自法国的树脂。

另外，这两位男士的死法也是相当凄惨，考古学家判断俩人都是被谋杀而死的。古克罗根人是被人突袭而亡的，从他胳膊上一处因搏斗而留下的伤口判断，当时他可能已经察觉到了别人对自己的袭击。最悲惨的是，古克罗根人后来还被斩首、砍足，所以发掘时，我们只能看到他的手和胸了。克洛尼卡文人的死法有过之而无不及，他很可能是被人用斧头劈开了头颅，内脏也被彻底地掏空了。

1995年9月8日，约翰·莱茵哈德和他的同伴正在秘鲁境内的安姆帕托山（Ampato）进行一场探险。约翰·莱茵哈德是著名的人类学家、考古学家，曾在亚利桑那大学获得人类学学士学位，之后又在奥地利的维也纳大学攻读人类学博士学位。同时他还特别热衷于探险，从1980年起，他就穿行在秘鲁、智利、阿根廷等地的高山上，希望能找出古人在这里生活的蛛丝马迹。

安姆帕托山是一座海拔 6000 多米的高山，山脊上常年覆盖着一层厚厚的冰层。在这里，他们发现了一具保存完好、五官立体的女性木乃伊。这个女孩看上去大概十几岁，根据推测，她应该是几百年前印加帝国某次祭祀仪式上的祭品。作为第一个女性冰冻木乃伊，她被取名为“胡安妮塔”，并被《时代》杂志评选为当年最重要的十大科学发现之一。

和上面两个极端环境比起来，新疆也不遑多让。这里是亚洲中部最干燥、盐分最高的地区，年降水量少于 100 毫米，而且有着世界上第二大流动沙漠——塔克拉玛干沙漠。这样特殊的气候条件可以完好地保护墓葬中的尸体。在冬季，尸体会在寒冷的天气中冻住，到了夏季又会在腐烂前干透，多盐的环境吸干了尸体中的水分，加速了干燥的过程。经年累月，这些尸体就形成了独特的“干尸”。值得一提的是，新疆出土的干尸数量非常多，多到可以专门在博物馆开辟一个古尸专题陈列馆。这不要说是在全国，即使是放眼全世界，应该也是仅此一家吧。

这里面最著名的，当属罗布泊小河遗址发现的“小河公主”了。出土的时候，这具女性干尸保存得非常好，她看起来就像睡着了一样，白皙的皮肤、圆圆的眼睛，甚至睫毛都保存了下来。

一下子出土两具干尸，而且还是一对夫妻，这是十分罕见的。

● 干尸的神秘身份

这对干尸夫妻，可以说是穿着十分讲究了。男尸里面穿了件白绢套头长衫，外面套了件右衽长袍，腰间扎了宽彩织带，脚上还穿了双勾花的皮鞋。女尸的穿着也同样隆重。她身着红绢右衽长袍，下面着了件棉套头长裙，双手戴着一双绀地织锦手套，脚穿黑面勾花皮鞋，头枕锦枕。

这对干尸穿的大部分丝绸织物，上面都绣了小篆的吉语文字，如“延年益寿长葆子孙”“安乐绣”“千秋万世宜子孙”等。这些吉语听着是否有一丝熟悉？没错，在商周时期的甲骨文上经常会有“宜子孙”之类的文字出现，而著名的“盖章狂魔”乾隆帝也有“宜子孙”的印章落款。可以想见，能用上这一类吉语的人，身份地位肯定不低，再根据随葬品的丰厚和衣衾的华贵情况推测，这两位墓主人生前应当是贵族阶层。

那么，他们究竟是什么身份呢？

在 95MN1 号墓地的东北部不远处，有一处编号 N14 的废墟，这是一座规模很大的废墟，它由 3 座大型房屋和一座用木板建成的“垃圾坑”以及一些土坯墙组成。1906 年，斯坦因在“垃圾坑”中挖掘出了 11 件汉文简牍，里面提到了“王母”“王”“大王”等称谓。而到了 1931 年的时候，考古学家又在这个地方发现了另外 21 枚汉文简牍。根据学者的翻译，这些简牍都属于官方文件，比如“大宛王使坐次左大月氏。及上所”等。

这些线索综合起来，表明 N14 很可能是当时汉代精绝国王室的驻地。而 95MN1 号墓地正好位于 N14 的东南部，如此贴近的地理位置，结合墓葬的丰厚程度，于是有的学者就推测，95MN1 的墓主人，很有可能是其中某一任精绝国王。

● “五星出东方利中国”

然而，在 95MN1 号墓地中，最具知名度的还不是这一对干尸，而是他们随身佩戴的一块锦护膊，这就是所谓的“五星出东方利中国”锦护膊。这块护膊珍贵到什么地步呢？它是中国首批禁止出国（境）展览的文物之一，它甚至代表新疆维吾尔自治区博物馆，成为参加综艺节目《国家宝藏》的三件国宝之一。

发掘的时候，在墓主人成堆的丝织品、弓箭以及木制品等随葬器物中，这块放在尸体肘部的织锦因为被沙土覆盖，一开始并不起眼。简单清理过后，织锦才逐渐露出了鲜艳的颜色。考古队员们慢慢翻开织锦，居然在上面辨认出了“五星出东方利中国”的字样。在场的人们都兴奋了起来，没想到还能在古人的随葬品上看到“五星”“中国”这类看起来特别“现代”的词汇。

现在，很多人都会将这一句话同现代的历史事件附会在一起，似乎这神秘的精绝古城，真的像《鬼吹灯》中描述的一样，拥有神奇的预测能力。

很遗憾，这只是历史偶然的巧合而已。其实“五星”“中国”这几个词，在古代就有了。先秦时期，太白、岁星、辰星、荧惑、镇星被合称为“五星”，这在《淮南子·天文训》中记载得很详细：“何谓五星：东方木也，其帝太皞，其佐句芒，执规而治春，其神为岁星，其兽苍龙，其音角，其日甲乙……”到了汉代，道教兴盛，为了附和五行学说，五星又被改为了金星、木星、水星、火星和土星。“东方”是指我国古代星占术中特定的天穹位置；“中国”则是一个地理概念，是古时的中原地区，指以洛阳至开封一带为中心的黄河中下游地区。

整句话连起来，其实是我国古代星占学上的一个占辞术语。它最早见于《史记·天官书》：“五星分天之中，积于东方，中国利；积于西方，外国用兵者利。”所谓的“五星出东方”，指的就是五颗行星在一个时间内同时出现在了东方的天象，也就是我们经常在小说中看到的所谓“五星连珠”“五星聚舍”。

在古代，尤其是秦汉之前，由于生产力落后，科技不发达，人们特别迷信“天”这个东西。这其实也是有原因的，农业生产靠天吃饭，下雨、刮风、晴天、霜冻，这些影响庄稼收成的天气现象，人们无法用科学解释它，自然而然就将其归因于“天道”了。所以才有了我们现在说的“天命”“天意”等玄乎的词汇。

那么，古人如何认识并且试图理解“天”呢？就是通过观察星象。占星之术应运而生。

这其中，五大行星的占星学又最为重要，所谓“察变之动，莫著于五星”。为什么？因为方便观察。五大行星总是以一定周期绕着太阳转动，久而久之，人们就能观察出其中的规律，并且运用数学公式推算出它们的运行情况。

古人又十分迷信“命数”“轮回”“报应”之类的规律性经验，所以自然而然就将五星与国家兴衰、年成丰歉、水旱灾害等联系在了一起，于是五星就被赋予了重要的意义。《开元占经》中就曾经说过：“五星者，五行之精也，五帝之子，天之使者，行于列舍，以司无道之国。”这其中，五星聚合在一处的天文现象出现的概率特别稀少，所以就被赋予了更加重要的意义。

我们再回到这一块锦护膊。当时，同一座墓中还出土了一块印有“讨南羌”小篆文的织锦，它的纹样有星纹、云气纹、羽人纹等，与“五星出东方利中国”织锦相同，可以断定是出自同一块面料。因此，这句话的完整内容，应该是：五星出东方利中国讨南羌。

“南羌”一词，最早见于《汉书》：“初置四郡，以通西域。隔绝南羌、匈奴。”根据马长寿先生的研究，羌在四郡之南而得南羌之名。因此，织锦记载的应当是一次中原王朝讨伐南羌的战争行为。

根据遗址的年代，以及出土的陪葬品，再结合史书的记载，学者们认为，这一次战争，很可能就是历史上有名的赵充国伐羌。《汉书 · 赵充国辛庆忌传》记载，西汉神鼎元年（公元前 61 年）的时候，汉宣帝指派赵充国全权负责西羌战事。当时情况复杂，在后方的汉宣帝因为赵充国缓兵不动而心生不悦，在增援兵力督促尽快再战的同时，汉宣帝敕书说："将军不念中国之费，欲以岁数而胜微，将军谁不乐此者……今五星出东方，中国大利，蛮夷大败。太白出高，用兵深入敢战者吉，弗敢战者凶。将军急装，因天时，诛不义，万下必全，勿复有疑。"

五星相聚之时，汉在东方，羌在西方，而五星出东方，说明汉兵必胜。如此重要的战事，堂堂一国之君催促用兵不是根据对时势的判断，而是根据天象学上的占卜，可见古人的迷信程度之深。而这场战事，也确如占星所预料，汉军大败羌人。当时的精绝王国很可能参与了这一次战争，因帮助中原王朝有功，所以得到了这一块织锦作为奖赏。

历史总是因为巧合而变得有趣。一块小小的织锦，因为一句充满"预言"的话而受到广泛关注，但它本身，只不过是记载了当时的一段战争往事而已。千年的时光过去了，往事早已烟消云散，这一块锦护膊，却神奇地留存了下来，述说着过去的故事……

二

马王堆遗址

“50年前，长沙镖子岭。”

小说《盗墓笔记》开篇的第一句话，就把整个故事背景放在了长沙。很多人会疑惑，中国有那么多古城、古都，西安、洛阳、开封……南派三叔为什么偏偏选择了长沙呢？

其实在中国的历史上，除了北方的洹洛地区，也就是现在的河南洛阳一带之外，长沙也是盗墓最活跃的地区之一。考古学家商承祚先生在《长沙发掘小记》中就写到：“解放前，长沙盗墓甚炽。”盗墓小说中经常提到的“土夫子”，最初指的就是长沙地区以贩卖黄泥为生的农民。这些“土夫子”平常靠挖地里的黄泥售卖来维持生计。时间一久，或许就碰到古墓，挖到宝贝了。他们发现，用这些宝贝换取的收益要远高于挖泥土，因此一部分人干脆以此为业。长沙一带的盗墓之风由此盛行。

不过，在这个“十室九空”的地方，偏偏有一个墓葬侥幸成了例外，它被考古人员发现后，发掘出的文物数量之多，保存之完好，震惊了全世界。更为重要的是，墓中还出土了一具“千年不腐”的“女尸”。

这个墓葬，就是闻名世界的马王堆汉墓。你知道马王堆汉墓是如何被发现的吗？墓中那些出土的文物，又能够告诉我们哪些有趣的故事？这一次，我们就从这座令世人震惊的墓穴被发现说起，回到最真实的发掘现场，去一探究竟。

● 围观考古现场：神秘的“火洞子”

长沙市东郊距离市区四公里的地方，有两座小土丘，远远望去就像马的鞍具，所以当地人就把这里叫做“马鞍堆”。再后来，慢慢被误传为了“马王堆”。当时还流传着一种说法：这块地方是马殷的家族墓地。这马殷，是何许人也？

根据史书的记载，马殷字霸图，是五代十国时期南楚的开国君王，他早年以木匠为业，后来从军入伍，机缘巧合之下，官位步步高升，并慢慢消灭了湖南境内的多股割据势力。

到了五代十国时期，在湖南境内建立了南楚。马殷在位期间，不兴兵戈，保境安民，所以非常受当地人民欢迎。

后世相传，马王堆这两个大土丘，就是马殷和他儿子马希范的墓地。甚至许多地方志上也有相关的记载。比如光绪年间的《湖南省通志》中的《善化县志》就记载了“马王堆”这个地名，还表明了具体的方位：“马王疑冢，在县东南五里，楚王马殷筑。”人名、地点样样齐备，非常详细。而巧的是，这善化县在清代光绪年间，就是湖南省的省会，也就是今天的长沙。

《善化县志》作为权威的县志记载，清清楚楚、明明白白地标明了马殷墓的地理位置，以长沙地区过去盛行的盗墓风气，自然有“土夫子”打起了主意。

据说，以前有个叫谢晓初的“土夫子”盯上了这个地方，他和另外一个“土夫子”在一个月黑风高的夜晚来到了这里，刚开始挖，没过多久就突然变天了，一个雷劈了下来，瞬间就把边上的几棵大树给劈断了。要不是他们正好在盗洞内，估计也在劫难逃。

干这一行的，虽说天不怕地不怕，经常和死人打交道，但要真的遇上这种事情，也是非常迷信的。他们就觉得，这是老天爷给的警告。这墓，万万挖不得。于是他们赶紧钻出洞，匆匆将土填回去后，就灰溜溜地跑回了家，并在盗墓圈内散布说，这墓千万挖不得，不然会遭到报应的。

其实，如果当时谢晓初不信邪，继续往下挖，说不定马王堆就提早跟世人见面了。可是，历史没有假设，直到 20 世纪 70 年代初，马王堆才真正被世界所认识。

1971 年，中苏关系紧张。未雨绸缪，长沙市政府决定在马王堆挖一个大型防空洞，用作战时伤病员的救护所。当时选择了两个位置，分别从不同的方向开挖。挖到地下十几米的时候，战士们发现此时挖出来的土，赭红中夹带着一些白点，而且越往里挖土质就越硬。好不容易挖穿了这一层红土，等待着他们的，又是一层白膏泥。

所谓的“白膏泥”，其实就是黏黏的泥土，它有一个很重要的特点，密封性特别强。我们知道，墓葬其实是关于土的艺术，古人为了保证自己死后之所不受侵扰，除了会在墓葬内设置机关外，还会在土里做文章，用一些特殊的泥土来填充墓葬。很明显，如果某个地区地下存在古代墓葬，那么它的土质土色肯定会和周围自然生成的泥土有所区别。

毫无疑问，这红土层和白膏泥层，肯定是人为制作的、专用于埋葬死人的泥土。不过，当时负责挖防空洞的战士们可不具备这方面的知识，他们只是觉得这些泥土以前未曾见过，仅此而已。

挖着挖着，突然间洞里倏地冒出了一股凉气，这股气体碰到照明用的蜡烛，“轰”的一声就燃烧了起来。吓得工人赶紧用泥土把火扑灭了。惊魂未定的工人们不禁好奇，地下到底藏着什么？为什么会出现“鬼火”？

这个消息传到了湖南省博物馆。专家们根据当时情况的描述，初步判定，这应该是一个“火洞子”。

“火洞子”其实是当地“土夫子”对其中一类墓的称呼。长沙一带的古墓，喜欢用防渗性好、密封性强的封土，随着时间的流逝，如果古墓没有被破坏，整个墓穴就处在相对缺氧的环境中，里面的随葬品，比如衣服、食品等有机物，会慢慢分解，从而产生一种可燃性的气体——沼气。当墓打开后，沼气一遇到火种，立刻就会燃烧。所以，这种墓被形象地称为“火洞子”。

据说，在新中国成立前曾经发现过七八个“火洞子”。而且，一般发现“火洞子”，就暗示着这个墓葬大概率保存完整，因为只有未被盗掘的墓葬之中的沼气才不会泄露。

不过新中国成立后，虽然在长沙发掘的墓葬少说也有几千座，但就是没有一座是“火洞子”。所以这次马王堆发现了“火洞子”，无论从哪个角度来说，都是一件令人兴奋和期待的事情。

考古人员到现场勘探之后，根据土质和地表凸起的情况断定，这很有可能是两座规模很大的汉墓，于是当机立断，开展了抢救性发掘。专家们把已经暴露的这一座墓葬命名为一号墓，另一座墓葬称为二号墓。

1972 年初，一号墓正式发掘。发掘工作开始没多久，考古队员们就发现了很多个盗洞。不过所幸的是，不知出于什么原因，这些盗墓贼在挖到一半的时候都没有继续往下挖了（这大概就是我们之前提到的盗洞）。

再往下，就是我们前面说的白膏泥层。有考古队员居然在白膏泥中挖出了新鲜的树叶。起初，大家认为，这几片绿叶可能是从墓口的地面飘落下来的，可是再往下挖，鲜嫩的绿叶不断从白膏泥中涌现出来，而且还发现了当时被遗弃的竹筐。大家这才恍然大悟，这些绿叶很可能就是当年建墓的时候遗留下来的，因为混杂在密封性极强的白膏泥中，即使穿越了千年，依旧鲜嫩如初。

这一发现让考古队员们兴奋无比，填土中的小树叶尚且保存得如此完好，那么，墓主人的尸体是不是也没有腐烂呢?

● 古代也有猝死？

发掘工作继续往下进行，终于见到了墓坑底部的椁室。椁室里外一共四层，长四米多，高一米五。这个体量，在中国考古史上已经十分罕见了。

大家都知道，墓主人就长眠在这椁室之中。但谁都不能肯定墓主人的保存状况怎么样。为了稳妥起见，考古队员们先将棺材内的随葬品一一取出，然后小心翼翼地揭开每一层棺材盖板。当第四层棺材盖板被打开之后，眼前的景象惊呆了众人。

墓主人安静地浸泡在无色透明的棺液之中，身上盖着两件丝锦袍，穿着麻布单衣和丝锦袍，脸上还盖着酱色的锦帕；双手双脚被丝带系了起来，同时，全身被 18 层丝、麻衣衾严严实实地包裹着。

当墓主人的面容终于缓缓露出时，在场的所有人都惊得目瞪口呆：她是一位女性，看上去已经不年轻，但皮肤仍旧是淡黄色的，按下去甚至还有弹性；部分关节还能够活动，简直不像一具古尸。

你很难想象，一具在地下埋藏多年的古尸，竟然可以保存得如此完好，仿佛时间在这个空间内静止了，所有的等待只为了这一场古今的对话。

经过现场简单的防腐处理后，女尸被立即送到了湖南省医学院。经过解剖发现，女尸生前可谓是病魔缠身，同时患有动脉粥样硬化、冠心病、多发性胆石症、日本血吸虫病等。有趣的是，医生还在女尸的肠胃中发现了约 138 颗半形态饱满的甜瓜籽。

既然女尸生前患有多种病，那么她究竟是不是死于疾病呢？首先，根据解剖的情况，女尸的脖子上没有绳子的勒痕，全身也没有机械性的损伤，所以就排除了上吊自杀、被人袭击致死等原因。而根据在肠胃中发现甜瓜子这一情况来看，死者在生前应该还可以从容地进食。那么，女尸很可能是因为某种急性疾病的爆发而突然暴毙的。

最终，学者们作出了这样的推测：在死者生前的最后一天，可能是因为某种原因，导致她出现了巨大的情绪波动，促发了冠状动脉强烈痉挛，造成心律紊乱心跳顿停而死。说得简单点，就是冠心病发作猝死了。

看来，猝死还真是古皆有之，并不是咱们现代人的“专利”。

● 女尸身份之谜

如果大家熟悉考古学的“套路”，应该会知道考古学家此刻最关心的两个问题：第一，墓葬的年代是什么时候？第二，墓主人是什么身份，是否真的如民间传说所言，这就是马殷的家族墓葬?

这两个问题，都是比较纯粹的考古学范畴的问题。一般来说，每一朝代的墓葬形制和墓葬习俗，都会有所区别，所以我们只要将马王堆墓的形制和其他已知的墓葬进行一个比较，再结合出土的随葬品，大概就能知道墓葬的年代了。至于墓主人身份的确认，从墓葬中随葬品的丰富程度来看，肯定能够发现一些蛛丝马迹，然后再结合史书、历史典籍的记载，大概就能确认墓主人的身份了。

经过考察，几乎所有的专家都认为，这是一座西汉早期的墓。从墓葬形制和做法来看，这座墓为长方形竖穴墓室，带斜坡墓道，而且木椁周围先填木炭，再填白膏泥，最后用“五花土”夯筑，这种做法，具有典型的西汉墓的特点。墓中出土的陶器、漆器造型，也都和已发现的西汉墓中同类器物相同。

更为重要的是，墓中发现了泥“半两”和泥“郢称”，却偏偏不见“五铢钱”。在中国货币史上，五铢钱始于汉武帝元狩五年，而在汉武帝之前的汉初时期，墓葬里多出泥“郢称”和泥“半两”。所以我们基本上可以确定，马王堆墓的年代在汉武帝之前。

与此同时，考古学家们在墓葬中发现了一个奁盒，里面藏了一枚角质印章，上面写了“妾辛追”三个字。这就直接证明了，墓中的女尸就是这个叫“辛追”的贵妇人。但是考古学家翻遍了史书，也没有发现关于“辛追”这个人的任何记载。她是谁，她的墓葬规格又为什么有如此高的等级?

谜底的解开，还要等到二号墓的发掘。遗憾的是，二号墓不像一号墓那样保存完整，它整个墓室是塌的，里面充满了淤泥和积水。但考古工作人员没有放弃，他们小心翼翼地对墓室内的淤泥进行了筛选和清理，希望能找到一些有价值的信息。最终，在淤泥中意外地发现了三枚印章，上面分别刻着“长沙丞相”“轪侯之印”“利仓”字样。马王堆女尸的身份之谜，终于得以破解。

翻阅《史记》和《汉书》等史料，我们发现，利仓是西汉长沙王丞相，早年随汉高祖刘邦征战天下，后来被封为轪侯。《史记·惠景间侯者年表》中记载：“轪国，汉惠帝二年四月庚子封长沙相利仓为侯，七百户。”而辛追，就是轪侯利仓的妻子。

● 千年女尸不腐之谜

不过，比起墓主人的身份，可能大部分人更加好奇，这具女尸究竟为什么能够历经千年而不腐呢?

很容易想到的一点是，当时埋葬的时候，尸体是不是被进行过防腐处理?这并不是空穴来风，最有名的埃及木乃伊，就是防腐处理的产物。而我国古代也有很多关于尸体不腐的记载。举个例子，《晋书·愍帝记》中记载了这么一件事情:

（建兴三年）六月，盗发汉霸、杜二陵及薄太后陵，太后面如生，得金玉采帛不可胜记。时以朝廷草创，服章多阙，勅收其余，以实内府。

薄太后的陵墓是在建兴三年，也就是公元315年被盗的，而薄太后死于汉景帝二年，也就是公元前155年。这其中相隔了将近500年，但是被盗时，薄太后依然面容如生，我想尸体应该是经过了一些防腐处理的。

不过话又说回来，文献记载终归是流于纸面，不可尽信。对于辛追女尸的研究，还是要依靠科学手段。

首先，研究人员对棺液进行了检测，发现pH值非常高，这在一定程度上的确可以抑制细菌的繁殖与生长，但是效果微乎其微，仅仅相当于我们平时说的消炎功能，离不朽的功能还有一定距离。

后来，研究人员发现，女尸之所以能够不朽，很大程度上要归功于这里独特的墓室结构。马王堆汉墓是一个竖穴土坑墓，从坑口到坑底大约有 16 米深，如果算上外面的封土，那就有 20 米深了。而棺椁就放在了这地下 20 米深的墓室里，周围有厚约半米的木炭层，这些木炭大约有一万多斤，它们能够不断吸收空气中的水分。而在木炭层的外面，就是一米多厚的白膏泥层。白膏泥黏性好，密封性极佳，可以起到隔绝空气和防潮的作用。棺椁被这样一层层地包围，几乎构成了一个完美的封闭空间，外面的物质极难进入，内部就可以一直处在恒温、恒湿的状态。这是女尸能够保存下来的最为重要的前提，也是决定性因素。

● 马王堆中的饮食文化

俗话说得好，“民以食为天”，无论在哪个朝代，吃饭都是一件很普通却很重要的事情。透过饮食，我们甚至可以一窥当时的社会面貌和精神内核。著名的考古学家张光直就曾经说过：“达到一个文化核心的最佳途径之一就是通过它的肚子。”

但是，饮食这件事情，或许是太过于日常，在正史中反而缺少系统的论述。这个时候我们就得依靠考古发掘了。马王堆汉墓出土的文物中，不仅有大量精美的食器具，从云纹漆案到彩绘漆卮，还有大量的食材实物，从各种主食到调味酱汁，甚至还有菜单这类文字资料作为佐证，可以说是对汉代饮食文化多方位的呈现。那么，我们就从马王堆汉墓开始，聊一聊汉代人是如何面对吃饭这件事情的。

现在我们吃饭，基本上采用的是围桌聚餐、同盘而食的形式，也就是所谓的“合餐制”。一大堆人围坐在一起吃饭，可以方便交流感情，尤其是在特殊的场合，可以突显热闹的气氛。但是很多人会觉得合餐制非常不卫生，一堆人共享食物，那岂不是每个人的细菌也都“共享”了？于是有人倡议，采用国外的分盘而食、人各一份的“分餐制”。如果我们熟悉历史就会发现，这所谓的“合餐制”，出现的时间其实并不久远，也就一千年时间左右。而“分餐制”并不是外国人的专利，至少在汉代的时候，我们的祖先，用的就是地道的“分餐而食”。

南北朝的时候，有一个大孝子叫徐孝克，有一次他陪陈宣帝宴饮，不曾动过一下筷子，可是摆在他面前的佳肴却莫名其妙地减少了。原来徐孝克自己舍不得吃，而是偷偷地把食物藏在了怀里，带回家孝敬母亲去了。皇上知道这件事后大为感动，下令以后筵席上的食物，凡是摆在徐孝克面前的，他都可以大大方方地带回家去。这个故事的主题虽然是在宣扬孝心，但也可以从侧面看出来，当时采用的是“分餐而食”，不然怎么能够允许徐孝克拿食物回家呢?

这分餐制的形成，其实与当时人们的起居方式有很大的关系。那个时候还没有出现桌椅等高足家具，人们是直接坐在铺在地上的席子上的。甲骨文的“坐”字，就是一个人跪坐在一张编织的席上，非常形象。而我们现在常说的“筵席”，其实就是当时规定的正统坐具；“席”指的就是柔软的草，而“筵”字是“竹”字头，质料更加结实，用来铺地，上面陈席为座。

这样的一种起居方式，也就决定了你吃饭只能在席子上进行，不可能一堆人围坐在一起共享食物。所以那个时候人们吃饭，首先是席地而坐，面前摆一张低低的小食案，案上再放一套食具，如果是比较重的食具，就直接放在席子外面的地上。《后汉书》里面记载了一个故事，隐士梁鸿和妻子孟光非常恩爱，每次梁鸿回家，孟光为他准备好食物，然后将食案举至额前，捧到丈夫面前，以示尊重。这就是“举案齐眉”的故事。这说明当时的人们确实是把食物放在案上的，而且食案不会太大、太重，一般仅限一人使用，所以即使是妇人也能轻易举至额前。

马王堆汉墓的出土，将这些史书中的故事都具象成了实物。我们在墓中发现了两条竹席、四条草席，发现了六件匕，还发现了长条形的漆案，上面五个小漆盘，一个漆耳杯，两个漆卮，漆盘上还放着一双箸。这很可能就是当时贵族用餐的标准配备。

如果我们来细细分析这些餐具，就会发现汉代人饮食的更多细节，比如说，卮是用来盛酒的杯子，为圆筒形，边上有一个把手，跟现在的马克杯有点类似；耳杯则是用来饮酒的器皿，一般上面会写“君幸酒”三个字，代表着“请君饮酒”的意思。这两个器物配合，大致可以反映当时饮酒之风的盛行。《汉书 · 食货志》中提到：“百礼之会，非酒不行。”又说：“酒食之会，所以行乐也。”无论是日常宴饮还是婚丧嫁娶，都离不开酒，酒的需求量可以说是非常大了。

在汉代，很多名人都是好酒之徒，而且往往以此为荣。比如说东汉著名的文学家蔡邕，就曾醉卧途中，被人称为“醉龙”；汉末三国时期的名士孔融，相传是孔子的二十世孙，也十分爱喝酒，经常说“坐上客常满，樽中酒不空，吾无忧也”。

除了漆卮、漆耳杯这些饮酒器具之外，马王堆汉墓中还出土了许多盛酒的大型器具，比如说漆锺 2 件、漆钫 4 件等，它们的底部分别书写了“石”“四斗”等计量单位，而且器身内还尚存酒类沉渣。根据研究，仅仅这 6 件酒具，它的容量就达到了 70 多升，可见当时酒的需求量是多么旺盛。

箸和匕一般是作为进食餐具配合使用的。“箸”，其实就是筷子的古称。明代陆容《菽园杂记》中说，当时民间有一些避讳的风俗，尤其在苏州地区为甚，因为“箸”与“住”“滞”字音接近，而行船讳住，所以就取了反义“快”字，因为“快子”多用竹制成，最后就变成“筷子”了。“匕”可不是我们现在说的“匕首”，而是餐匙。马王堆出土的匕由簸箕形的斗和长柄两部分组成，全身髹漆彩绘，样子就相当于我们现在用的勺子。古人进餐的时候，箸和匕分工明确，《礼记 · 曲礼上》中说：“饭黍毋以箸……羹之有菜者用梜，其无菜者不用梜。”梜也就是箸，所以说，箸是用来夹菜食的，匕是用来食饭的。虽然我们现在吃饭的时候仍同时使用勺子和筷子，但是它们各自承担的职责却发生了变化。勺子不像古代那样专用于食饭，而是主要用于盛汤；筷子也不仅是夹菜的专用工具，它既可以夹取食物，也用于食饭，与“饭黍毋以箸”的古训完全背道而驰了。

我们再来聊聊汉代的烹调方式。现在我们炒菜做饭，主要是用油炒、煎、炸等方式，但是在汉代的时候，油炒的方式并没有推行开来，人们用得最多的是将肉物菜料一锅煮的方法，这也就出现了“羹”这样的食物。《说文》中“羹”的解释是“五味和羹也”，意思是说羹是五味调和成的肉汤。我们现在也喝羹，但在古代，羹的重要程度远远超过我们的想象。汉代著名的经学家郑玄就称羹食为“食之主也，自诸侯以下至庶人无等”。西汉的开国皇帝刘邦，还创造了一个与羹有关的成语：分一杯羹。当时楚汉争霸，项羽抓住了刘邦的父亲，扬言刘邦不投降就杀了他父亲炖成肉羹吃。刘邦回了一句：“吾与项羽俱北面受命怀王，曰‘约为兄弟’，吾翁即若翁，必欲烹而翁，则幸分我一杯羹。”

从马王堆墓出土的遣策中，我们发现羹的用途和种类非常之广。所谓的“遣策”，就是当时丧葬时记录随葬物品的清单。所以但凡记录在册的，我们都有理由相信这些食物是当时常见的，并且是墓主人喜爱的，不然不可能成为随葬品。在遣策中，常见的羹就有夸羹、白羹、巾羹、逢羹和苦羹五大类。而这五大类，又可以细分成很多种，比如说巾羹就是指加了芹菜的肉汤，遣策中列有狗巾羹、雁巾羹、鲫肉藕巾羹等等，可以说是五花八门，这也从侧面反映了汉代人对羹的喜爱程度。

由此可见，吃什么、怎么吃，每个时代有每个时代的特色，它总是在不断地变化，我们现在奉为传统的东西，可能在古代又是另外一番场景。

三

贾湖遗址

《国家宝藏》这个节目，相信对考古和文物感兴趣的你一定不陌生。它从博物馆里的文物入手，通过情景剧的形式，解读文物背后的故事，带观众了解文物的前世与今生。这些博物馆推荐的文物，大都是我们耳熟能详的，比如越王勾践剑、《千里江山图》等，件件都是镇馆之宝。不过，当河南博物院推出贾湖遗址出土的骨笛时，估计很多观众都很疑惑：这是哪门子国宝，没听说过啊？

在大众的视野中，贾湖遗址知名度确实不太高，但是在学术圈内，贾湖遗址算得上是一个考古圣地了。在那里，我们老祖宗的勤劳、智慧被诠释到了极致，考古学多学科交叉研究的特性也发挥到了极致。

事实上，除了《国家宝藏》中展出的世界上最早、保存最完整的管乐器——骨笛之外，贾湖遗址还给后人留下了太多太多惊喜，这一次，我们就一起来领略一下，贾湖遗址还有哪些令人大开眼界的发现吧。

● 围观考古现场：偶然发现的史前遗址

与众多考古遗址一样，贾湖遗址的发现，也是一个偶然事件。

驻马店，位于河南省中南部。它地处北亚热带与暖温带的过渡地带，气候温和，降水稳定，但谁也没想到，这样一个地区，居然会因为一次台风北上引发的罕见暴雨而酿成了巨大灾难——1975 年 8 月 8 日，当年的第三号台风在福建登陆后，越江西，穿湖南，最后直入河南境内，造成了历史上罕见的特大暴雨，并且导致了板桥水库等数十座水库垮塌，洪水淹没了数千公里。

正是这场大洪水，把舞阳县境内贾湖村的房子冲得只剩一间未倒。1978 年，国家拨款来修村东边的防护堤。在平整土地的过程中，带队老师贾建国发现地里挖出了一些碎陶片，还有一些形状奇怪的石头。

贾湖村，是个小得不能再小的村庄，但是在它周围陆陆续续曾经发现过一些遗址，有名的如裴李岗遗址，再加上贾建国有一点文物知识，他就怀疑这些挖出来的陶片和石头，会不会跟史前遗址有些关系？恰巧他有个朋友叫朱帜，是舞阳县文化馆的文物干部，于是他就把这些发现交到了县文化馆。

当时河南的裴李岗遗址刚刚发现，整个河南文博界正在为重大遗址的发现而兴奋。所以，朱帜一看到这些标本，立刻就联想到了裴李岗遗址。这会不会是一个与裴李岗遗址文化属性相似的遗址呢？

经过朱帜的努力，河南省文物考古所考古队在 1980 年春天进驻贾湖村，在村东进行了试掘。在最初的一个探方内，考古人员很快发现了大量的人类墓葬。墓葬相互叠压，表明这很可能是一个集中墓葬区，被数代人反复使用过。通过研究出土的陶片，考古人员初步判断，这是一个与裴李岗遗址时代相同、性质相近的新石器时代遗址。

从 20 世纪 80 年代开始，贾湖遗址的发掘基本就没有断过，从 1983 年到 2013 年，一共经历了 8 次发掘。每一次发掘，都有振奋人心的收获。比如 1986 年的第四次发掘，考古学家们首次在贾湖遗址中发现了两支骨笛。当时考古学家们正在清理第78号墓，这两支骨笛正放置在墓主人左股骨的两侧，它们不同于现代的横笛，既没有吹孔，更没有笛膜孔；也不同于箫，因为它们没有吹奏用的山口。所以当时的记录人员只用了“穿孔骨笛”来代替。

再比如1987年的第六次发掘，考古学家们也是收获颇丰。不仅发现了陶窑和陶窑作坊区，证明了当时贾湖已经有了较为集中的制陶作坊区，还有数量不少的狗坑。这些狗坑基本上位于墓地的边缘地带或者是房基旁。这可能代表着人类与狗的亲密关系。在活着的时候，狗帮人打猎、看家，死了之后葬在房子边上，仍旧履行着使命。

总而言之，在最初的发掘中，考古学家们并没有意识到手下的这个遗址有多么重要，在一次又一次的不断深入的发掘过程中，贾湖遗址的神秘面纱才被慢慢地揭开。

● 如何判断贾湖遗址的年代？

在讲述贾湖遗址中的出土文物之前，我们需要先解决一个问题：年代。在考古学研究中，确定年代是首要的，并且是必须的。显而易见，只有弄清楚了一个遗址的年代，考古学家们才能够把它放到合适的“坐标”，进行横向的和纵向的分析。遗址中出土的文物，才有了参考的基准。

历史时期的墓葬，我们可以根据里面出土的一些文字资料，比如说墓志铭、文献或者是器物上的铭文，将其结合史料记载来判断年代。比如满城汉墓，它的年代就是依照墓中随葬的铜盆上“中山内府”和“卅九”的铭文，再结合史书上有关中山王的记载，最终判断出来是刘胜之墓的。

可是，有文字记载的历史时期才多长时间呢？安阳殷墟出土的甲骨文可以把我们的文献记载追溯到3000年前，然而目前发现的4000多个甲骨文中，被释读的不过千余字而已。文字所能提供的时间尺度在整个人类历史长河中微不足道，人类几乎99%以上的岁月都是没有文字相伴的，从旧石器时代、新石器时代再到部分的青铜时代，这就是所谓的史前时代。贾湖遗址，就是一个属于新石器时代的史前遗址。由于没有任何文字信息可供参考，史前遗址的年代判别就必须依靠各种理论方法，从古代人类遗留的物质遗存中提炼和解读出相关的信息来帮助判断。

总体而言，考古学提出了两种不同的解决方法：相对年代和绝对年代。

相对年代

顾名思义，相对年代是“相对”的，也就是指年代的先后顺序，这是一个比较出来的结果。在我们无法明确遗址的准确年代时，这是唯一的选择。确定相对年代，主要依靠两个手段：地层学和类型学。

地层学的理论主要来自地质学的灵感，它的核心思想在于地层是“叠压”的，我们可以把地层理解为一层层的灰尘，在没有扰动的情况下，灰尘总是一层一层、从下往上覆盖的，因而下层在时间上永远早于上层。当然，在实际的操作过程中，地层学的研究是非常复杂的，因为人类是不断活动的，针对土壤的一些行为，比如耕地、房屋建造、墓葬等，都会扰乱地层，给我们的判断造成干扰。所以如何正确地分辨地层叠压关系，往往需要依赖考古学家的丰富经验。

类型学则有点向生物学借鉴的意味，将器物按照材料、形状或者装饰纹样的特点进行分类、排比，从而得出不同风格的先后演变序列。我们拿手机举个例子，功能手机面世的时间要远早于智能手机，假设千年之后的考古学家发掘了两个不同的遗址，A 遗址中只发现了功能手机，而在 B 遗址中既发现了功能手机，又发现了智能手机，那么通过“类型学”的比较，B 遗址的年代要晚于 A 遗址。

在所有的古代遗物中，考古学家特别喜欢拿陶器作为类型学的依据。这是为什么呢？最主要的原因是，陶器是古代日常生活中使用最广泛、遗存数量最大的器物，几乎每一个发掘的遗址中都会有陶器出土。而且陶器是极易破碎、损坏的日用品，这也就意味着它有更多的机会被人们不断地制作、创造出更多的器型。所以说，陶器大概是各种遗物里面最“敏感”的器物。在类型学领域作出重要贡献的考古学家皮特里，当年他的“成名之战”就是利用了尼罗河流域众多墓葬中出土的陶器，根据它们的形制变化归纳出了一套陶器发展序列。这一套发展序列确定之后，一旦哪个墓葬中发现了一种在这个序列中的陶器，就可以判断这个墓葬的相对早晚了。

绝对年代

虽然“相对年代”可以帮助我们知道一个遗址和文物的相对早晚，但这远远不够，考古学家们最希望知道的是它们究竟有多古老，是距今一万年，还是仅仅只有一千年？这个问题，对于史前遗址来说并不容易解决。直到 20 世纪 50 年代，在“二战”中为美国国防部从事原子弹研究的科学家威拉德 · 利比发明了碳 14 测年法，才极大地推动了考古遗址绝对年代的测量。利比还因为这项发明获得了诺贝尔化学奖。

碳 14 测年基于一个非常简单的原理：生命体在活着的时候不断吸收着碳 14，直到死前那一刻。之后，生命体内的碳 14 开始呈现一定规律性的衰减，衰减率大约是每隔 5700 年左右减少一半。

根据衰减的规律性，我们只需要提取出遗址中有机体内的碳 14 含量，再进行一些简单的计算，就可以知道遗址的绝对年代了。我们可以仅用来自考古地点的少量有机材料样本，比如木炭、木头、种子或者骨骼等，就可以较准确地测定其年代。简单、准确、高效，所以碳 14 测年迅速在考古学界普及，成为考古学研究的有力武器。

介绍完目前考古学主流的年代测定方法，我们回过头来看看贾湖遗址的年代。利用碳 14 测年法，考古学家选取了贾湖遗址的 19 个样品进行了测量。这 19 个样品中，有 9 份木炭样品，5 份草木灰样品，4 份人骨样品，1 份果核样品，尽可能保证了样品的多样化和准确性。结果发现，贾湖遗址的年代大概在距今 9000 年到 7800 年之间。

光说这个年代，可能大家的感知并不明显，可以来做个比较。黄河中游地区非常重要的仰韶文化，它所代表的彩陶文化非常有名，年代距今约 7000 年到 5000 年之间；而以玉文化闻名世界的、刚刚成为世界文化遗产的良渚文化就更晚了，大概距今约5300年到4200年左右。

也就是说，贾湖遗址比这些我们熟知的史前文化，要早很多。

● 原始人也爱喝“酒”

《国家宝藏》节目里，蔡国庆父子演的贾湖骨笛情景剧，第一幕就是先民在品尝食物坏掉后形成的“饮料”。剧里并没有点明这个“饮料”究竟是什么，不过我们可以根据其中一个人说“喝完之后晕乎乎”这句话来推测，这个“饮料”其实就是我们现在所说的“酒”。

酒，似乎是全人类的共同爱好。古人将酒的发明归功于仪狄和少康。《世本》中说：“仪狄始作酒醪，变五味。少康作秫酒。”许慎的《说文》中也说：“古者仪狄作酒醪，禹尝而美，遂疏仪狄。杜康作秫酒。”晋代的文人江统则反对这一论调，他在《酒诰》中认为，酒的出现完全是自然造化之功，由于一些谷物在烹熟之后未食用完，存放一段时间后发酵成了酒。受此启发，古人最终创造出了美酒。

当然了，古书上的记载多半是不可信的。要真正解决“酒什么时候发明”这个问题，还得靠考古学的研究。

考古学讲究“以实物说话”，所以一开始就有学者提出，如果在遗址的盛酒、饮酒的用具中发现了酒的成分，就可以非常有力地证明这里已经出现酒了。我们在很多遗址中发现了类似的证据，例如 1979 年、1980 年和 1987 年，河南罗山莽张天湖商代墓葬中先后三次出土了内含液体的青铜提梁卣。专家对液体进行了分析，确认了是残留的酒液，这是我国目前为止发现的最早的酒液体。另外，山东滕州一处商周薛国墓地出土的 5 件密封良好的青铜酒器中，也发现了 3000 年前疑似酒类的清澈液体。

但是，这个方法有个致命的缺陷，酒精是一种极易挥发和受微生物影响的化合物，它们在漫长的时间当中很难保存下来。所以我们刚刚提到的两个例子，年代距今都没有很远。如果用这种方法来寻找“最早”的酒，实在是有点力不从心。

还有其他办法吗？经常逛博物馆的朋友可能会留心到，博物馆里很多大型的陶器都会标注用途是酒器，比如仰韶文化的小口尖底瓮、大汶口文化高柄杯等。那么，我们是否可以以酒器作为酒出现的证据呢？这个方法乍一听觉得挺有道理，但却经不起细细推敲。首先，是否一定有了酒具、酒器才能酿酒、喝酒？其次，众所周知，史前陶器一器多用的现象十分普遍，这些罐、瓮、杯，虽然博物馆标注的用途是酒器，但更多的可能，估计还是盛放水、羹、饭等食物。

所以，我们还需要更直接的方法和手段。

考古学家在贾湖遗址中发现了一些形状很有特色的陶器，像腹部穿孔的甑形器、小口双耳罐、高领敞口罐等。从样式来看，应该是用来存放液体的器物，可由于时间太久，陶器中早已空空如也。不过，细心的专家发现，虽然陶器中早已没有液体，但由于长时间使用，器皿的底部竟然沉淀了一层薄薄的残留物。

恰恰是这些残留物，为日后的研究提供了巨大方便。

在考古学发展的早期阶段，考古学家都是根据发掘出土的遗物、遗址的分布状况和结构来诠释考古发现的，这些都是肉眼能够见到的信息。但是随着考古学的不断发展、不同学科的逐渐介入，考古遗址中那些隐秘的、不易被发觉的部分，例如附着在容器上的残渣、工具上的一些使用痕迹等等，越来越受到重视。通过特定的技术手段，这些所谓的“残留物”甚至能够提供巨大的信息量。随着对残留物研究的深入，目前已经形成了一个叫“残留物分析”的新的考古学方向。

贾湖遗址陶器中沉淀的残留物，是那个时候的先民使用陶器后留下的“物证”。从 1999 年开始，发掘贾湖遗址的考古学家们与美国宾夕法尼亚大学的麦克戈文教授合作，对 16 个陶片标本上的沉淀物进行了化学分析。这位麦克戈文教授可是世界酒史研究领域的绝对权威，他曾经在伊朗的一处新石器时代遗址发掘出两件盛有液体的陶罐，距今约 7400 年左右，这被认为是世界上最早的酒实物。

实验结果出人意料，这些沉淀物中含有酒类挥发后的酒石酸，还包含有蜂蜜和山楂的化学成分。麦克戈文教授最终得出结论：这些陶器曾经盛放过以稻米、蜂蜜和水果为原料混合而成的发酵酒。这是中国目前发现的，也是世界上最早的酒类饮料的沉淀物，从而将人类酿酒史提前到了距今约 9000 年前后，将世界酒史向前推进了 1000 多年。

不过，我们还需要纠正一个概念性问题。如果单纯从考古学角度考虑，其实很难解出“酒的发明起于何时”这个问题。因为考古学讲究的是“以材料说话”，即使是残留物分析，讲究的也是“有什么材料得出什么事实”，而年代越古老，留下的材料就越有限，就越会存在“幸存者偏差”。所以我们只能说，这是目前为止最早的酒类饮料沉淀物。说不定，过一段日子考古学家又发现了一个新的史前遗址，把人类的酿酒史推到万年以上呢?

● 远古时期的美酒

我们暂且可以将贾湖遗址列为目前世界上最早发现酿造酒类的古人类遗址。那么，现在自然而然又出现了一个新的问题，这些酒是用来干啥的？难不成也像现在这样，喝酒是为了消遣？

这个解释基本上不太可能成立，毕竟这是个距今9000年的遗址，那个时候的生产力还没有如此发达，连温饱都成问题，更别说有消遣娱乐活动了。

目前的主流观点认为，酒的产生，与原始社会的巫术行为有关。

在贾湖遗址中，我们发现了大量与原始崇拜、原始巫术相关的证据。最明显的，就是大量的墓葬中随葬了数量不等的龟甲。这些龟甲以8个为一组，有的有穿孔，有的还有契刻符号，甚至还有长期把玩的痕迹。

这些龟甲往往又随葬骨笛和叉形骨器。其中有一个墓，发掘出来的时候，墓主人的头骨不见了，但在头骨部位放了一组八个龟甲，边上放了一件叉形骨器，左肩上放了两件七孔骨笛。很明显，这些东西不可能是生产性工具，作为巫术法器的可能性更大。

在原始社会，由于生产力落后，思想不发达，很多自然界的现象，比如下雨、打雷、刮风等，先民们都无法理解，可偏偏这些东西，是最影响他们日常活动的。这个时候，他们就自然而然地把这些现象归结于某些“神”的行为，他们尝试着与“神”进行沟通，于是就诞生了“巫师”这种职业。

巫师一般都是当时社会的上流人士，他们沟通天地，联络人神，并且可以预知未来，深受族人的敬畏。而巫师在主持巫术仪式时，为了尽快使自己达到癫狂的“通神”状态，往往会使用一些道具，这个时候，几杯酒喝下去，在酒精的作用下，巫师的神志开始模糊，行为变得癫狂，最终进入“通神”状态。

● 有趣的家猪驯化史

猪的地位，不可小瞧

猪是六畜之首，我们春节的时候最喜欢贴的对联就是“五谷丰登，六畜兴旺”，它还是十二生肖之一。

在古代，猪的象征意义更大。祭祀典礼中，猪是非常重要的贡品。《礼记·王制》说：“天子社稷则太牢，诸侯社稷则少牢。”这太牢，指的就是牛、羊、猪，少牢指的是羊、猪。《礼记·礼器》记载："晏平仲祭其先人，豚肩不掩豆。"这里的"豚"，指的就是小猪。这些都说明了，猪在中国古代是重要的祭祀品。

如果说古代的祭祀离我们的生活太远了，那我们就来看看日常使用的汉字，有哪些是与"猪"有关的。在古代，猪通常被称为"豕"，而"家"这个字，从甲骨文，到金文，再到楷书，都是房子下面有一只猪的象形，它的本义就是驯养生猪的稳定居所，到了后来才引申为我们今天"家"的含义。再比如"逐"这个字，其本义就是追豕，说明在原始的狩猎时代，猪是人们最主要的肉食来源。"坠"字的本义也与豕有关，表示豕掉落陷阱被捕获的场景。

发现了没有，在原始社会，猪与人的关系十分密切，一开始人们抓捕野猪作为自己的食物来源，再后来慢慢地驯化猪，把猪圈养在固定的地方，这才有了"家"的概念。

那么，猪是什么时候开始被驯化的呢？这个问题，可是考古学上非常重要的研究课题。

从野猪到家猪：考古学中的大学问

下面我们来看看，考古学家是如何逐步解决这一问题的。

首先，一只猪从野猪变成家猪，它的生活状况发生了非常大的变化。在野外的时候，野猪因为觅食、拱土、搏斗的需要，它的吻部进化得特别长，头部特别大，能够占到整个身体长度的三分之一，甚至更长。而家猪由于长期喂食，体态上发生了巨大的变化，用专业的术语说就是“下颌骨、头骨和泪骨较短，犬齿退化，鼻部上移，颜面凹陷，面部加宽，后驱加长，体幅变宽，腹围增大”。对于我们常人来说，最直观的感受就是家猪的吻部大大缩短了。

体态上的变化，在骨骼上很容易就能够辨识出来。于是有的人就说了，只要遗址中出土的猪的骨骼特征，符合家猪的特征，那就说明它被驯化了。这个逻辑有一定道理，但是却忽略了一个事实：动物的形态想要改变，哪有那么容易啊，这可不是一朝一夕间的事，必须经历一个漫长的时间段慢慢进化才行。所以，如果在一个遗址中发现了符合家猪特征的骨骼，说明这里的先民早就已经完成了猪的驯化了，而真正的驯化时间，还得再往前推很久很久。

那么，有没有什么办法，可以更加直观地来研究猪的驯化呢？经过多年的发展，考古学家们得出了几个鉴别方法，大体来说，主要有以下这几种：

首先，从体态变化上来区分家猪和野猪肯定是没有问题的。考古学家们发现，在进化过程中，猪牙齿的遗传特征最稳定，尺寸大小不会在短时间内发生变化，而猪的下颌骨缩小的速率则快得多。牙齿的大小、数量没怎么变化，但是牙齿间的空间变小了，这就自然而然发生了齿列扭曲的情况。所以说，如果在某个遗址中发现的猪牙齿是挤在一起的，这说明那个时候的猪正处在被驯化的过程当中。

其次，我们还可以从人类饲养家猪的目的这个角度入手。很简单，古人养猪无非是为了获取肉类资源，但养猪必然会产生成本，养一头猪的时间越长，花费的成本就越多。为了达到收益最大化，他们往往不会将猪养大，而是在猪的幼年，在它肉质鲜嫩的时候把它宰了。这就造成了猪的死亡年龄结构变得不平衡并且集中。如果说一个遗址中出土的猪骨，幼年的比例占得特别高（一般来说大于55%），就说明了该遗址中出现了家猪的饲养。

我们甚至可以研究一下幼猪骨的雄性和雌性的比例，这还是从养猪的投入产出比考虑的。母猪由于能够繁殖后代，所以一般会养到成年后，而公猪就不一样了，它们没有了生殖优势，而且成年的公猪性格暴躁，还不容易管理，所以除了保留一部分公猪作为种猪外，大部分的公猪在幼年的时候就会被直接宰杀了。

除此之外，我们还可以从病理学的角度来考虑。在病理学当中，有一种叫做线性牙釉质发育不全（LEH：Linear Enamel Hypoplasia）的病理现象，指的是在牙冠形成过程中牙釉质厚度上出现的一种缺陷，比较典型地表现为牙齿表面形成一个或多个齿沟或齿线。这种情况一般是发育期生理紧张所造成的。有意思的是，考古学家们发现野猪的 LEH 发病率远远低于家猪。根据统计，考古遗址中猪群的 LEH 发病率一般都在 5% 以上，而野猪群落在 5% 以下。依照这个比例，我们就可以判定一个考古遗址中是否出现了家猪驯养。

上面介绍的这些方法，是当前学界判断野猪向家猪驯化的主流方法。有了这些理论武器，我们再回过头来看看贾湖遗址中猪的情况。通过对遗址中猪骨的分析，我们发现有 3 个标本出现了前面所说的“齿列扭曲”现象。在能够确定年龄的 60 多件骨骼标本中，未成年的比例居然高达 81.4%。而且猪牙的 LEH 发病率也相当高，这一系列证据，充分证明了在差不多 9000 年前的贾湖地区，那里的原始人就已经开始了猪的驯化。从目前来看，贾湖是有证据表明的最早的家猪饲养地。

在贾湖遗址，除了《国家宝藏》中提到的世界上最早的管乐器，和我们上面提到的世界上最早的酒、中国最早的家猪饲养地之外，还藏着很多有趣的秘密，比如这里出土了一批龟甲，上面发现了契刻符号，比安阳殷墟的甲骨文还要早5000多年，是迄今为止人类所知最早的文字雏形之一。这里还出土了一批碳化稻米，以及配套的石铲、石镰、石磨盘等农具，说明早在9000年前，贾湖人已经开始种植水稻了，是世界上最早的稻作农业遗存之一……

贾湖，真的有太多太多的惊喜，等着我们去发现。

考古专题

如何确定一个遗址的年代？

毫无疑问，对于年代的判断是考古学研究的重中之重。如果没有年代的概念，面对那些杂乱无章的出土文物、纷繁复杂的考古学文化，你根本理不出任何头绪，更别说进行考古学的分析了。

那么，考古学家如何确定遗址的年代呢？前面我们提到过，考古学的断代手法主要有两类，分别是相对断代法和绝对断代法。相对断代，主要是通过类型学和地层学分析；绝对断代，我们着重讲了碳 14 测年法。现代考古学发展了一百多年，不断地从其他科学领域借鉴、学习，测定年代的方法也越来越丰富。这里，再给大家介绍几种有趣的测年方法。

·树木年轮断代·

这一方法依据一个很简单的生物学规律：树木生长，每一年都会在树干的横截面上显示出一个圆圈，也就是所谓的年轮。通过计算年轮的数量，我们可以得知这棵树的树龄。而且，年轮的宽窄与当地的气候条件密切相关。天气干旱，树木的生长受到限制，年轮就会变窄；气候湿润，树木生长繁茂，年轮就会变宽。而同一地区的同一种类的树木，在同一时期内年轮的宽窄度是相似的。

基于这一原理，我们可以推论出，假设一棵活树内层的那段年轮与一棵死树外层的年轮一致，这就说明活树是在死树死前那段时间生长的，它们有短暂的“交集”，时间可以互相衔接起来。以此类推，死树的内层年轮又与更老的死树的外层年轮衔接起来……慢慢地，我们可以编成一段很长的年轮序列。我们只要找到遗址中的木头样品，研究它的年轮形态，再将其与年轮序列相对照，就可以确定出遗址的准确年代了。

其实，这原理并不新鲜，早在20世纪初，美国学者道格拉斯就利用了亚利桑那州一种叫做刺果松的树木，建立起了当地的树轮年代学。刺果松的寿命很长，可以达到4900年，学者们通过将这种树木的活树与保存在干燥环境中的死树进行年轮比对，一环扣一环，最终建立起了一个跨度近9000年的树轮序列。这个时间跨度，足够覆盖美洲大陆上绝大部分的人类历史遗迹了。

当然了，树木年轮断代也有较大的局限性。最明显的一点，就是这一方法特别依靠年轮的辨识度，只有变化明显，你才能去比对嘛。而在热带地区，因为气候常年恒定，树木年轮的变化很小，就不方便研究了。所以说，树木年轮断代有地域限制。

其次，树木一旦被砍伐，它的年轮变化就终止了，所以年轮指示的其实是树木被砍伐的年代。可是在古代社会，古人对树木往往是多次反复利用的。一座房子坍塌了，曾经用于建造的木材很可能被用来建造新房；一块刚砍下的木材，也可能被用来修缮一座老房子。所以说，通过年轮来断代还是可能存在误差。

·铀系法·

铀系法的原理是，铀的两种放射性同位素铀238和铀235，经过一系列的衰变，会生成两个子体，就是所谓的钍

（230Th，铀 238 的子体）和镤（231Pa，铀 235 的子体）。而两个子体本身也会衰变，所以可以用来测年。

发现了没有，大多数的测年方法，都是利用同位素的衰变来进行的。

最关键的是，母体铀同位素溶于水，子体钍、镤同位素不溶于水。根据这一原理，我们可以来设想这样的场景。在远古社会，原始人因为生产力薄弱，主要居住在一些岩石山洞中。这些山洞常年潮湿，富含石灰岩物质，一些溶在水里的带铀元素的碳酸钙，慢慢地以石灰华的形式沉淀在洞壁或者地面上。与此同时，放射性过程开始启动。在石灰华最初形成之时，只包含了溶于水的铀同位素，慢慢地，铀同位素发生衰变，钍、镤的含量以一定的规律增加。我们只要测量母体和子体的比值，就能够大致确定石灰华的年龄。

这一方法，在欧亚大陆，尤其是旧石器时代考古中应用得非常多。因为欧亚大陆的石灰岩洞穴比较多，在旧石器时代，这些洞穴往往成为我们祖先的栖居之所。所以我们只要测明了与古人同地层的石灰华的年代，就可以判断出遗址大致所处的年代了。

· 热释光断代 ·

前面我们讲的断代法，像碳14、铀系法，都是依赖放射性物质有规律的衰变性，热释光则相反，它依赖的是样品吸收的放射性含量。热释光特别适合对陶器、瓷器进行断代，所以现在也广泛用于艺术品收藏领域。

那么，为什么陶瓷特别适合用热释光来断代呢？这就涉及热释光的使用原理了。在自然界中，某些矿物质能够以均匀的速率吸收能量，时间越久，吸收的能量就越多。但是呢，这些矿物质一旦被加热超过500℃，它俘获的能量就会全部释放。换句话说，就是能量被清零，从头再来了。

所以陶器、瓷器这一类物品，就特别适合这一方法。首先，陶瓷的原料都来源于矿物质。其次，陶器的烧制温度最低达到了800℃，瓷器就更不必说了，至少在1200℃以上，大大超过了500℃。所以陶器、瓷器在烧制之后，内部的能量是被清零的。我们发掘出这些文物后，只需对其样本再加热，测量放出的热释光，就能对它们进行断代。

年代测定的方法很多，除了我们介绍到的，还有古地磁断代、纹泥断代、电子自旋共振断代等，但其实原理都大同小异，有兴趣的朋友可以自行去了解。

四

定陵

先问大家一个问题，我国古代一共出现了多少个皇帝？如果从公元前221年嬴政称帝开始算起，到1912年溥仪退位宣告中国帝制的结束，在这2132年的时间里，大大小小一共出现了422位皇帝（当然也有其他的说法）。这么多的皇帝，他们或许治国有方，或许荒淫无度，死后都被埋葬在了精心所选的风水宝地之中，形成了我国独特的帝陵文化。

在如此众多的帝陵之中，有一座陵墓尤为特殊，它是中华人民共和国成立后第一座、也是唯一一座经由考古学家主动发掘的帝王陵墓，它就是明十三陵中的定陵——万历皇帝的陵墓。定陵发掘于20世纪50年代，受限于当时的历史条件，以及技术水平的不完善，定陵出土的文物没有得到很好的保存，导致很多珍贵文物被损毁。也就是在定陵发掘之后，考古学界才有了“不主动发掘帝陵”的规定。

今天，定陵的地宫已经成了著名的旅游景点，游客还能进入参观，但现在大家眼前的那个地宫，早就不是万历皇帝下葬时的样子。定陵在发掘过程中有哪些不为人知的故事呢？“不主动发掘帝陵”的规矩又是怎么来的？让我们一起回到现场去一探究竟。

● “躲过一劫”的长陵

说到定陵的发掘，我们不得不提到长陵。起初，考古学家们要发掘的帝陵是长陵，可调查一开始便陷入了困境。这是一次科学的考古发掘，而不是像孙殿英盗掘清东陵那样的野蛮发掘，所有的流程必须严格按照考古程序来，尽可能先找到通往地宫的隧道，在保持整个墓葬形制完好的前提下进入地宫。所以这第一步，就是通过勘探，找到长陵的地宫入口。

长陵是明成祖朱棣的陵墓，是十三陵的首陵，其规模也是十三陵中最大的。考古人员围着陵墓的宝城、宝顶忙活了好几天，连个地宫的影子都没找到。这里插一句，所谓的“宝城”“宝顶”，是古代陵墓的专业术语。明代的帝王陵采取的是封土形式，地宫之上堆成一个高高的土堆，四周再砌上高大的砖城，城墙上还设有垛口和女墙，像一座小城，所以被称为“宝城”。高大的封土远远望去，就像突出的圆顶，被称之为“宝顶”。

一筹莫展之际，发掘委员会迅速作出决策，决定先找个其他皇陵试掘，积累经验，再向长陵发起冲击。1955 年 11 月 23 日，吴晗向国务院做了汇报，提出将永陵作为试掘的陵墓。他在报告中写道：

鉴于长陵已有600余年历史，很可能地层已发生变化，土壤产生淤积等情况，建议正式发掘前，进行一次科学勘测。根据勘测结果和我们所掌握的资料，先在永陵进行部分试掘，以便积累经验，拟定开发长陵的详细计划。

永陵是明朝第十一位皇帝世宗朱厚熜，也就是嘉靖皇帝和陈氏、方氏、杜氏三位皇后的合葬陵寝。由于嘉靖皇帝在位时间长达 45 年，所以永陵的修建时间也很长，其规模在十三陵中仅次于长陵，保存情况较好。

可是，对永陵的勘探工作依然一无所获。无奈之际，“长陵发掘委员会”决定将发掘目标转向定陵。

定陵是明代万历皇帝的陵墓。在22岁的时候，万历就开始修建自己的陵墓，前后历时六年时间才完工。史料中记载，“给事中惠世扬、御史薛贞巡视陵工，费至八百余万云”，也就是说，修建定陵总共花费了白银八百多万两。这是什么概念呢？万历中期，当时全国每年的赋税收入大概在白银四百万两左右，造一个定陵竟然用去了当时全国两年的赋税总收入。定陵虽然历史上曾遭受过三次大火，但一些地面建筑仍然保存了下来。通过这些地面建筑，或许能够找到陵墓构造的线索。

几经波折，那一天终于来了。当队员们勘探到宝城的一角时，队长赵其昌突然发现，在离地面三米多高的城墙上方，有几块城砖塌陷下来，露出了一个直径约半米的圆洞。由于当时没有梯子，附近又找不到大块的石头和木料，队员们便搭人梯上到了洞口。经过观察发现，这个洞口像是个门券的上端，光照处可辨别砖砌的痕迹。往里挖了一段时间，突然有一位工人发现，其中一块砌在墙里的石条上，赫然刻着三个大字：“隧道门”。

果不其然，往下挖了十多天后，发现了一个券门。为了保证陵内的安全，考古队决定不将券门拆通，而是在第一条探沟的延长线上，挖开了第二条探沟。万万没想到，正是这个决定，使考古队让关键证据在眼皮子底下溜走了，从而多走了好些弯路。

第二条探沟整整挖了一个多月，却始终没有新线索出现。于是，考古队员夏鼐决定加深探沟。一天，一个参与挖掘的民工，意外地发现了一块带有刻字的小石碑，碑上刻着 16 个字：此石至金刚墙前皮十六丈，深三丈五尺。

短短 16 个字，却至关重要。这句话的含义简洁明了：只要再往前挖 16 丈，深 3 丈 5 尺，就能挖到金刚墙了。明朝人把地宫的墓墙称为金刚墙。所以这块墓碑，等于是明确提示了地宫的具体位置。

这里多解释一句，有的人会疑惑，为什么墓边会出现这种类似于“指路”性质的石头呢？这不等于是给盗墓贼提供方向了吗？这就得说说明代的陵墓制度。明代，比较讲究帝后合葬，也就是皇帝和皇后死后葬于一处。可人的生死是不能控制的，有个先后顺序，总不能皇帝和皇后连去世的时间都保持一致吧？所以，如果皇帝先死，皇后死后就得重新挖开陵墓安葬。为了不对陵墓造成破坏，就得事先在陵墓的入口、隧道口、墓门等地方留下指示标记，方便二次入葬。我们前面说的小石碑，起的就是这个作用。

根据石碑提供的线索，考古队修改了挖掘计划，在通往宝顶中心的方向，开挖了第三条探沟。

1957 年 5 月，考古队终于挖到了陵墓的外墙金刚墙。整座墙高 8.8 米，厚 1.6 米，由 4 层石条铺就，石基上方用了 56 层城砖和灰浆砌成。最让人兴奋的是，在金刚墙的中央有个砖砌的梯形门券，上窄下宽，这极有可能就是 400 多年前，万历皇帝下葬时的入口。

考古队从门券最上面的几层砖开始拆起，很快，金刚墙就被打开了一个缺口。我国古代的各种野史中，流传着各种关于墓葬机关的传说，什么暗箭、飞刀、毒气、陷阱等，绘声绘色，惟妙惟肖。在这之前，还没有人真正进入过古代的帝王陵墓，里面究竟是什么情形，到底有没有机关，每个人心里都没谱。

为了谨慎起见，副队长白万玉决定先派一位同志进入地宫看看情况。但是派哪一位同志进去呢？这就得考虑到多方面的因素了：首先，这位同志肯定要年轻力壮，万一真有危险，跑得也快；其次，还得有经验，能处理各种突发情况；最后，胆子得大。思来想去，白万玉最后选中了队员庞中威。

多年之后，庞中威回忆起当初的情形，仍然历历在目。在进去之前，考古队给庞中威做了很多保护措施，不仅戴了防毒面具，腰间还系了一根长绳，另一头由洞口的人紧紧攥着，万一有危险，就赶紧往回拉。

下去之后，庞中威弯着腰，躬着身，精神高度集中，只听见脚落之处，有“嗉嗉”的响声，后来才知道，这些响声是由地上散落着的腐木发出的。当初将万历的棺木搬进陵寝的时候，因为太过沉重，工人们就想出了一个办法，先在地上铺一层圆木，通过滚动的方式来搬运，达到四两拨千斤的效果。三百多年过去了，当初的圆木早已腐朽殆尽，所以踩上去才会有如此声音。

经过一番检查，墓内什么事情也没有发生，于是白万玉又派了几个人下去。一堆人借助着手电光，在黑暗中慢慢向前探索。突然间，有队员喊道：“地宫门！”只见光亮的尽头，两扇洁白如玉的大石门兀自矗立在人们面前。

● 围观考古现场：揭开地宫的秘密

一路磕磕绊绊，尽管走了一些弯路，但考古队总算是找到了通往地宫的石门。不过，考古队的考验还没有结束——若能这么快就进入地宫，这就不是皇帝陵了。

我们先来看看这两扇石门，是用整块汉白玉做成的，即使历经了三百多年的沧桑，仍然洁白如雪。每扇大门上，还都雕刻了九九八十一枚乳状门钉。这可是有讲究的，它映射的，是皇帝生前的居住之所——紫禁城。如果我们留意现在故宫的大门，没有一扇是光滑的，上面铺满了横九排竖九排的金黄色门钉。

那为什么偏偏是数字九呢?《黄帝内经》中说：“天地之至数始于一，终于九焉。一者天，二者地，三者人，因而三之，三三者九，以应九野。”“九”是最大的阳数，所以地位崇高。而皇帝的地位至高无上，与“九”之间自然形成了一种对应关系。皇帝也特别喜欢把自己和“九”联系在一起，比如自称为“九五之尊”，天诞日是正月初九，一年还要祭九次天等。此外，“九”跟“长久”的“久”是同音字，皇帝们也喜欢用“九”来表示他们的统治天长地久。地宫的大门，做成类似于紫禁城宫门的样式，正暗示了万历皇帝希望自己的统治能够长长久久。

再回到我们的考古现场。目前摆在面前的首要问题，就是如何打开这个石门。队员们轻轻向前推了一下石门，发现没有任何反应。好在石门制作得虽然精致，但中间依然留了一道3厘米宽的门缝，有人用手电筒往门缝里一照，发现一块石条把大门给死死顶住了。

考古不是盗墓，既要保证石门的完整无缺，又要保证门后的大石条的完整，所以千万不能用暴力手段把石门打开，这可难倒了考古队。按照常理分析，石条是不可能由宫女、工匠等奴仆在地宫里面顶住石门的，这样的话，奴仆们很可能就死在地宫内，而地宫是埋葬帝、后的处所，其他人是不能与帝、后同穴的。因此只有一种可能，石条是由人在门外顶住石门的，应该有一种可以从外边拉住顶门石的工具。

那到底是什么工具呢？考古队在浩如烟海的史料中，从有关明末崇祯皇帝入葬的记载中找了一些蛛丝马迹。清代谭吉璁的《肃松录》中记载了这样一个故事：1644 年，李自成攻克北京城，崇祯皇帝自缢于煤山。后来，昌平州吏赵一桂，出于对旧主的效忠，主动拿出钱财为崇祯帝发丧。由于崇祯生前还没来得及为自己建造陵墓，于是赵一桂便将崇祯和周皇后的棺木，运往他的宠妃田贵妃的墓中安葬。工匠们用了四个昼夜，挖开了田贵妃的墓，见到了地宫大门，再用一种叫作“拐钉钥匙”的工具将石门打开后，将崇祯的棺木放了进去。

古书中所说的“拐钉钥匙”，就是打开石门的关键。可它究竟长什么样子呢？这又难倒了考古队。

拐钉拐钉，既然如此命名，那一定是个带弯的东西，结合它的用途，队长赵其昌突然灵机一动，找来了一根 1 米多长的 8 号铁丝，把顶端弯成半个口字形，立着从门缝里送进去，用板条开口卡住倾斜着的顶门石上端，轻轻地向内推动，使顶门石逐渐直立，并最终离开门内突起的石坎。

推开石门后，考古队发现顶门石上写着一行字：玄宫七座门自来石俱未验。这应该是当时工匠留下的文字，我们也知道了，原来这顶门石叫“自来石”，而且不止一处，玄宫内还有同样装置的六座门。

事后，我们仔细研究了自来石的结构，不得不感慨古人的智慧。整块自来石上下两端略宽，中间稍窄。制作石门时，工匠在门内侧中部预先设计了一个凸起的石坎，再在门洞中部的地面上凿了个凹槽。自来石的长度，恰好等于石坎和凹槽之间的直线距离。当皇帝入葬之后，工匠们先将其中一扇门关闭，另一扇半掩着。自来石的下端插在了地面的凹槽内，上端则靠在半掩石门内侧凸起的石坎下。随着石门慢慢关闭，自来石就会自动地随着石门慢慢倾斜。等石门完全关闭后，自来石恰好完全顶住两扇石门凸起的石坎，再也打不开了。正是这样一个小小的设计，成了保护帝陵的最后一道屏障。

石门终于打开了。此刻，万历皇帝的玄宫殿堂，已经全部展露在人们的面前。

● 奇特的埋葬姿势

靠着自制的“拐钉钥匙”，考古队终于打开了地宫的大门。整个地宫的构造分为前、中、后殿和左右配殿五个部分。经过一番搜索，大家终于在后殿的中部偏西处，发现了三口朱漆的棺椁。毫无疑问，这就是万历皇帝和他的两个皇后死后的栖息之地。这一年多的发掘，总算有了个圆满的结果。

这个时候，最要紧的是搞清楚这三具尸体的状况。他们是保存完好还是早已腐烂？穿的什么衣服？葬式如何？

带着诸多疑问，考古队员慢慢走向这三具棺椁。大家发现，右侧的那具尸体损坏最严重，需要首先清理。地宫一旦被打开，稳定的环境将不复存在，对尸体和文物来说，是个极大的隐患，所以当务之急是马上将损坏严重的文物清理掉。

这具棺椁里躺着的是孝靖皇后。关于孝靖皇后的故事，我们可以多聊几句。孝靖皇后本姓王，父亲王天瑞是锦衣卫百户，13 岁的时候被选入宫，成了服侍万历皇帝的母亲李太后的宫女。16 岁时被万历皇帝一眼相中，临幸之后怀了孕，生下了皇长子朱常洛。

按道理母凭子贵，可万历皇帝当时特别宠幸另一个妃子郑贵妃，所以对王氏十分冷淡，仅仅封她为“才人”“恭妃”，而且将她打入冷宫，不准儿子与她见面。

可怜的王氏被打入幽宫20年，死的时候才37岁。她的儿子朱常洛也很惨，虽然在皇储之争中被立为太子，万历驾崩之后继承了皇位，却因为生病，登基不足一个月就去世了。他也成了明朝历史上在位时间最短的皇帝。接着，朱常洛的儿子，也就是王氏的孙子朱由校继位，这就是天启皇帝。他给皇祖母重新操办了丧事，因为王氏比万历早十年去世，最开始埋在了东井的平岗地，天启皇帝就将王氏随万历帝葬入十三陵地宫，并正式封为“孝靖温懿敬让贞慈参天胤圣皇太后”。这一番折腾，导致棺椁的损坏尤为严重。

棺椁被打开的时候，孝靖皇后的尸身已经只剩骸骨了。棺内还随葬了大量的锦缎、衣服、金银器等。

接着清理的，是左侧孝端皇后的棺椁。孝端皇后是万历帝的原配，比他早三个月去世，万历帝去世后，他们一同被葬在了定陵。

最后清理的是万历皇帝的棺椁。他的棺椁最大，长3.3米，高1.8米，棺内除了他的尸体外，塞满了各种陪葬品。他最上层盖的是织锦被，被下放着袍服和织锦匹料。万历皇帝身着刺绣衮服，腰系玉带，头戴乌纱翼善冠；下身穿黄素绫裤，足蹬红素缎高绣靴。

仔细研究这三具棺椁，考古人员发现了一个奇怪的现象：万历皇帝、孝端皇后以及孝靖皇后三人，都采用的是“S形”的侧卧式葬式。不了解中国墓葬礼仪的人可能会不解，不就是侧卧吗？到底稀奇在哪里？

这么说吧，我国古人对于死后的世界是极其看重的，所以一个人死后埋葬的葬式是非常讲究的，绝不是随意的行为。在“事死如事生”的丧葬观念的引领下，把死者的葬式摆成和生前睡姿类似的仰身直肢葬式是最普遍的姿势。距今8500-7000年的裴李岗文化中，发现了迄今为止年代最早的仰身直肢葬实例。之后从新石器时代到夏商周三代，再到元明清，仰身直肢葬遍布全国各地。

万历皇帝贵为一国之君，按道理最应该遵守礼制，却偏偏采用了有悖于传统的“S形”侧卧式葬式，这其中必定大有深意。

很多学者对万历帝后的葬式进行了研究，总结起来，主要有两种解释。其中一种，以明十三陵特区办事处的王秀玲老师为代表。她认为，这一葬式与北斗七星的星象相对应，通过天人感应，彰显出帝王至尊的身份。

在古代，“北斗七星”被认为是极星，指向正北，位于天空中心，在二十八星宿中属于紫微垣。古人一直把紫微星当成是“帝星”，所以天帝住的天宫，也叫做紫微宫。人间的皇帝自诩为“天子”，“紫”字代称皇帝，因为皇帝居住的内城严禁百姓靠近，所以故宫在古代被称为“紫禁城”。

除此之外，王秀玲老师还提出，明代的道教和风水堪舆，都受到了“北斗七星”理论的影响，比如明朝开国皇帝朱元璋的陵墓——明孝陵，其地面建筑就是采用了类似北斗七星形状的“S型”布局。那么，作为太祖子孙的万历皇帝，使用了所谓的“北斗七星葬式”，也有可能是受到了明孝陵的影响。

这一种解释，看起来很有说服力。但恩子健先生随即提出了不同的看法，他认为，万历皇帝压根不信奉道教，为什么死后要秉持道教的那一套升仙理论呢?

根据史料记载，万历皇帝的生母李太后是个虔诚的佛教徒，她广修佛寺，大办法事，在京师内外“多置梵刹，动费钜万”，还曾在宫中安置佛舍利三颗，用于供养。史料中还记载，李太后因为自己出身卑微，便假托自己梦见了九莲菩萨授予经书，证明自己是九莲菩萨转世，以此来改变出身带给自己及儿子万历皇帝的不利影响。

受母亲的影响，万历皇帝也很推崇佛学，他曾经在敕谕中说：“朕惟佛氏之教，具在经典。用以化导善类，觉悟群迷，于护国佑民，不为无助”；又要求寺内僧众，“尔寺务须庄严持咏，尊奉珍藏，不许诸色人故行亵玩，致有遗失损坏，特赐护持，以垂永久”。

仅凭文献记载，说服力似乎不够。我们来看看定陵地宫里出土的文物。在万历皇帝的棺内，出土了一件“红八宝纹暗花缎缂丝盘龙佛字方补交领夹龙袍”，其前后胸方补内为正面龙戏珠，龙首顶部缂一金“佛”字。孝靖皇后尸体最上层覆盖的是一床“经被”，上面有朱书经文，虽然字迹已经模糊，但还是能够隐约看出“南无阿弥陀佛”“华严”等字样。

除此之外，地宫出土了六串念珠，其中三串出自孝端皇后棺内头部北侧的漆盒中，另外三串则干脆放在了万历皇帝遗体的左手处，其中一串更是被万历握在了左手上。死后都要将念珠紧握在手中，万历对佛教的崇信，不言自明。

而巧合的是，“侧卧”在佛教中拥有十分尊贵的地位。《大般涅槃经》中记载，佛祖在涅槃时，采用的是一种向右侧的卧姿，称为“狮子卧”。现在我国各地佛教古迹中的佛祖涅槃像，比如重庆大足石刻的卧佛，就是采用的这一形象。

万历皇帝贵为天子，又自认为是转世菩萨所生之子，去世时特意采用和佛祖涅槃时一样的姿势，似乎是顺理成章的事。

● 衮服与十二章纹饰

定陵中出土了不少珍贵的文物，而在我看来，最珍贵的当属万历皇帝和皇后身上穿的、棺里随葬的各类服饰了。为什么呢？服饰，体现的正是当时人们的审美、思想以及礼制。

在古代社会，服饰是与社会等级相关联的，从一个人所穿的衣服，就能看出他的身份和地位。我国历代的史籍，像《后汉书》《晋书》《旧唐书》《新唐书》等，都专门设有《舆服志》一章，来记载本朝服饰的形制、纹样和用途。所以定陵出土的各种类型的服饰，就特别有意义，它们代表了当时最高统治阶级的礼制和审美。

这其中，等级最高的服饰叫做“衮服”。“衮”这个字，我们现在不常用，古人的解释是：“衮与卷古同声。卷者，曲也，象龙曲形曰卷龙，画龙作服曰龙卷，加衮之服曰衮衣。”这么看来，衮服就是衣服上有龙的服饰。

除了龙，衮服上还有其他的纹饰，统称为“十二章纹饰”，分别是：日、月、星辰、山、龙、华虫、宗彝、藻、火、粉米、黼、黻。可别小看了这十二章纹饰，从西周时期，它们就已经出现，并且形成定制，成为历代帝王的服章制度了。每一个纹饰，都有着深刻的内涵。首先，前三章，

“日、月、星辰”，表示的是“照临”，如三光之耀，有“普照天下”的寓意；“山”，形象高大，象征王者镇重安静四方；“龙”，能变化而取其神之意，象征君主的应机布教而善于变化；“华虫”，古人解释为“雉”的一种，表明帝王有文章之德；“宗彝”，是古代青铜酒器的一种，用来祭祀；“藻”，指的是深水中的水草，象征洁净；“火”，表示光明；“粉米”，洁白的米粒，取其滋养，有济养之德；“黼”的读音与“斧”一样，所以它的形象也是斧形的，象征着权威；“黻”，读音同“服”，是一个两弓相背的半青半黑的花纹，寓意着明辨是非。总之，每一个纹饰都有很吉祥的寓意。

十二章纹饰影响深远，甚至到了民国时期，还潜移默化地影响着人们的观念。我举个例子，鲁迅先生曾经在北洋政府当过一阵子公务员。当时，他和好朋友钱稻孙、许寿裳完成了袁世凯总统府交办的一项大事——为北洋政府设计国徽。国徽的核心设计思路，就是这十二章纹饰。鲁迅在设计说明中写道：“日、月、星辰，取其照临也；山，取其镇也；龙，取其变也；华虫，取其文也；宗彝，取其孝也；藻，取其洁也；火，取其明也；粉米，取其养也；黼，取其断也；黻，取其辨也。美德之最，莫不赅备。”他正是借用了十二章纹饰中蕴含的美德，来寄托自己对中国的美好祝福。

根据文献的记载，衮服的形制是“上衣下裳”。《明会典》中说：“洪武十六年定：衮，玄衣黄裳，十二章。”玄衣黄裳，这是有讲究的，玄黄代表的是乾坤，也就是天地。天在未明之时为玄色，上衣代表的是“天”，所以用玄色；地为黄色，下裳代表的是“地”，所以用黄色。这套形制，在明代的官方典籍中都有记载。

但是定陵出土的文物，却展示了“衮服”不见史料的另一面。在定陵中，我们一共出土了5件袍式衮服。它们同样饰有十二章纹饰，但却一改“上衣下裳”的形制，上下为一个整体，全身由两袖、前片（包括大小襟）、后片组成。迄今为止，这种类型的袍式衮服，还未在历史文献中发现过。

说到这里，有的人可能会质疑，凭什么认定它一定是“衮服”呢？在出土这几件衮服的同一位置，考古学家还发现了一些墨书标签。上面残存的字迹依稀可以识别：“万历四十五年……衮服……”“万历四十五年，衮服一套收”。两者相结合，这些衣服是“衮服”无疑了。

于是问题又来了，为什么会发生这样的变化？

有学者认为，万历时期，明朝的统治力达到了顶峰，整个社会从明朝初年的动乱已经变得稳定，“皇权至上”的礼制观念也已经深入人心；而同时，随着经济的发展，商品经济的出现，人们的价值观发生了变化，服饰，作为日常使用最频繁的物件之一，它的世俗化功能开始显现。对于皇帝来说，袍式的常服穿起来显然更加方便、自由。为了既方便，又不失去服饰的政治意义，将衮服特有的十二章装饰在袍式常服上，一种简化的衮服便应运而生了。

●“不主动发掘帝陵”的规矩

定陵的发掘，解决了很多历史问题，但是之后发生的一系列事件，却是考古学家们始料未及的……

考古学界有一个规定：不主动发掘帝王陵墓。这里我们再补充一点，事实上，不仅是帝王陵，连普通的古代墓葬，考古工作者们都很少去主动发掘。现在，考古工作者做得比较多的，是配合一些城市基建工程进行的被动性发掘，尤其是那些历史比较悠久的城市，往下一挖，很有可能碰到古代墓葬，这个时候就需要考古队去“救火”了。

“不主动发掘帝陵”这个文物保护理念并不是从来就有的，而是在经历了发掘定陵的惨痛教训之后才逐步形成的。

当时，在定陵的发掘过程中，发现帝后的棺椁之前，一切流程都是按照标准的考古学规范进行的，发掘过程也有很多收获，解决了很多历史疑问。一个典型的例子就是，万历皇帝生前最喜欢的女人，其实并不是两位皇后，而是郑贵妃。在他弥留之际，希望永远与郑贵妃在一起，于是遗命封郑氏为皇后，死后葬于定陵玄宫。可是，三百年后定陵玄宫开启，并没有郑贵妃的影子，陪伴在万历皇帝身边的，分别是孝端皇后和孝靖皇后。

不过，这或许也可以理解。万历皇帝生前就已经对他的臣子失去了威慑力，那么在死后，这种威慑力就更加荡然无存了。当时朝中的大臣们都排挤郑贵妃，所以不履行这一愿望也是有可能的。

然而，由于当时的技术手段不是很先进，很多有价值的文物发掘之后都没有得到有效的保护。

首当其冲的是出土的丝织品。对于丝织品的保护，当时的考古队员都没有经验。有人建议，丝织匹料可以像古画一样进行托裱，背后衬用韧性大的纸张，方便卷舒；还有人建议，在浆糊内加入防腐剂，方便长久保存。但是，由于缺乏专业人士的现场指导，托裱工作进行得很粗糙，一些不当手法也加速了丝织品的腐化。

同样遭受悲惨命运的，还有帝后的三具棺椁。现在大家到定陵地宫参观，去玄宫的后殿，会看到那里摆着三口巨大的棺椁，但这却不是金丝楠木制作的，而是用白灰和水泥制成的复制品。那么，真正的棺椁去了哪里呢？居然被当时的工作人员扔到了城外的山沟里头。1959 年 9 月 30 日，当时正逢定陵博物馆开馆，时任博物馆办公室主任嫌地宫脏乱，要求工作人员将棺椁全部扔了出去。一个星期后，定陵棺木被扔的消息传到了夏鼐耳中，这位考古学大师气得全身发抖，马上打电话让博物馆重新捡回棺木加以保护。可是，空荡荡的山谷里早已不见了棺木的踪影。

定陵的发掘是考古史上的一场悲剧。正因为有了它的前车之鉴，整个考古学界才决定，不主动去发掘帝王陵墓，就让这些人类的伟大遗产完整地保留下来吧。

五

郭庄楚墓

可以令人致幻的木偶、能放出无数箭矢的棺椁、挥舞大刀砍人的青铜武士……

这些《盗墓笔记》中的墓穴机关，让地下世界变得更加神秘莫测，使主人公的探险之旅也变得更加惊险刺激。很多读者看得津津有味，就产生了疑问，在现实的古墓中也存在着这样神奇的机关吗？

俗话说得好，魔高一尺，道高一丈。盗墓这种行为延续了几千年，以人类的聪明智慧，肯定会想出各种各样的策略和机关来对抗盗墓贼，防止墓穴中的逝者被打扰。不过，这现实中的防盗技术可没有小说中写得那么玄乎，这一章给大家介绍的郭庄 1 号楚墓，千百年来被盗墓贼们轮番光顾，仅可见的盗洞就有 18 个之多，却因为墓主人在生前设计墓葬时加上了很多反盗墓的手段，使得一大部分随葬品逃脱了盗墓贼的魔爪，奇迹般地留存了下来。郭庄 1 号楚墓，可以说是目前我国发掘的墓葬中反盗墓的集大成之作了，那么它到底藏着哪些有趣的反盗墓手段呢?

● 从两声“闷雷”说起

2004 年 12 月 15 日凌晨，一个平凡得不能再平凡的日子，上蔡县郭庄村东的一处岗地上，突然出现了两条耀眼的红色火光，并伴随着两声巨大的闷响。周围的村民猛然惊醒，吓得赶紧跑出自家的屋子去查看情况。大家不自觉聚拢在一起，讨论究竟发生了什么。

很多人下意识觉得是地震，毕竟河南也算是地震灾害比较严重的省份之一了。在历史上，河南曾经发生过 7 次 6 级以上的地震，造成了不同程度的破坏。《史记》中记载的第一条地震发生在周幽王二年（公元前 780 年）：“西周三川皆震……是岁，三川竭，岐山崩。”根据专家的考证，这次地震就发生在河南洛阳附近。

可奇怪的是，两声巨响之后，大地上并没有后续的动静，难道是地震到来的前兆吗？正在大伙儿不断猜测之际，有胆大的人沿着发出声响的方向找去，发现岗地突然出现了一个口径 2 米、深不见底的大黑洞。有经验的人看了之后怀疑：这，会不会是个盗洞？

● 上蔡这个地方

这样的怀疑并非空穴来风。上蔡这个地方，拥有非常丰厚的文化底蕴，在历史上的地位可不简单。西周初年，周武王封他的弟弟叔度为侯，建立蔡国，封地就在现在的上蔡。叔度，就是历史上赫赫有名的蔡叔，当年周武王灭商之后，不久就去世了，周公旦摄政，引起了包括蔡叔在内的一些皇亲国戚的不满，纣王之子武庚乘机拉拢他们，发动了叛乱，史称武庚之乱，也称为管蔡之乱。不过这一场叛乱很快就被周公旦平定，蔡叔被流放到了郭邻，不久就死了。之后周公旦又封其子蔡仲于蔡，重建了蔡国。

蔡国的国都，随着春秋战国时期诸种政治权力的此消彼长，也经历了一番变迁。春秋晚期楚国的实力大增，大概在公元前 532 年的时候，当时的楚国公子弃疾，也就是未来的楚平王，灭了陈国、蔡国，并因此军功获封首任“蔡公”，后来他在蔡人、陈人的帮助下，发动军事政变并夺权成功。为了表示感谢，楚平王主动恢复了两国，但是国都却不能在原地，而是被迫迁到了东南方相距100公里的古吕国，为了和旧都有所区别，新都被称为新蔡，也就是在现在的河南新蔡县一带。旧国都则被称为了上蔡。

可能有的人会疑惑，为什么要称为“上蔡”而不是“旧蔡”呢？难不成还有个“下蔡”不成？没错，蔡国的“流浪国都”计划还没有结束呢。在春秋末年，蔡国的周围有两个大国，一个是之前我们说的楚国，另一个就是吴国。而恰好这两个国家，又有着不共戴天之仇。前面我们提到的楚平王，之所以能够在历史上留下浓墨重彩的一笔，倒不是说他的战功有多显赫，而是因为他大概是第一个死后惨遭鞭尸的帝王。

话说当年楚平王当上了一国之君后，骄奢淫逸的本性就逐渐暴露出来了。他有两个宠臣，一个是太子太傅伍奢，一个是太子少傅费无极。有一次，他派费无极替太子建到秦国去迎接孟嬴和太子结婚。费无极一向与太子不和，他见到孟嬴年轻貌美，便极力劝楚平王自己娶她。楚平王禁不住诱惑，最终将自己的儿媳妇据为己有，并找了个理由将太子打发到了千里之外的边城镇守。

后来在费无极的谗言之下，太子建被诬陷为谋反，无奈之下只好逃到了宋国。而被他派去都城伸冤的伍奢则羊入虎口，直接被楚平王来了个满门抄斩。只有伍奢的儿子伍子胥逃到了吴国。

后来的故事想必大家都知道了，伍子胥在吴国混得风生水起，颇受吴王阖闾的重用，后来五次兴兵伐楚，并大败楚国，最后掘开了楚平王的墓，鞭尸三百，算是替冤死的父兄报了仇。

而这蔡国夹在楚国、吴国中间，自然不能安稳。春秋末年，蔡昭侯姬申当政，他因为不堪楚王凌辱，决定联吴反楚。可是新蔡与楚国交界，离吴国的核心区域又十分遥远。如果楚国进攻蔡国，吴国的兵力不能及时赶到。万不得已，蔡昭侯决定搬迁到吴国的势力范围内，举国东迁到了现在安徽寿县一带，这一新的蔡国都城，史称“下蔡”。

蔡国的流浪计划结束了吗？还没。到了战国早期，各国的实力又慢慢发生了变化，吴国被卧薪尝胆的越国吞并，之后越国又被楚国吞并了，本来依附于吴国的蔡国失去了靠山，只好再次向楚国俯首称臣。但这次楚国可不打算轻易放过蔡国了，他们把蔡人迁到了现在的湖北襄阳一带，因为这里全是山地，所以又被称为“高蔡”。不过“高蔡”并没有维持多久，后来楚国随便找了个借口，将蔡国的残余势力连根拔除。蔡国这一曾经显赫的诸侯国，最终消失在历史长河中。

上蔡作为蔡国的首个都城，无疑有着最重要的地位和意义。它一共经历了24代蔡侯的统治，前后存在了524年。由于第一任蔡侯是周武王的亲弟弟，所以蔡国的经济文化水平很高，在东周时期甚至是十二大诸侯之一。到了后来，即使楚平王把蔡国灭了，但是上蔡仍然是当时楚国面向北方地区的桥头堡，战略意义十分重要，这段时期，上蔡的城市面积甚至比原来大了一倍多，具有非常强的军事、经济实力。

这样一个有重要战略意义的地方，自然会有丰富的历史文化遗存遗留下来。自然而然的，盗墓这种见不得人的勾当也开始在这片土地上蔓延开来。从1985年起，考古工作者先后在郭庄发现了十余座大中型的楚国高级墓葬。这些墓葬基本都被盗墓贼光顾过，墓里的随葬品几乎被盗掘一空。当地人对于盗墓这一行为并不陌生，所以看到这个两米口径的大洞时，大家下意识的反应就是，看来盗墓贼又盯上了哪个墓葬了。

• 一把洛阳铲

为了稳妥起见，村民们请来考古工作者对这个地方进行了勘探，而勘探的工具，就是一把简单的探铲。其实探铲还有一个知名度更高的称号：洛阳铲。

很多人会觉得洛阳铲很早就有了，但其实洛阳铲出现的时间并没有想象中那么早。关于洛阳铲的来历，众说纷纭，目前流传最广的版本是这样子的：

洛阳邙山地区在民国时期是个盗墓十分猖獗的地方，当地的许多人以盗墓为生。这帮人中间有个叫李鸭子的人，从小以盗墓为生。有一天，李鸭子去赶早集，突然发现有个卖包子的店家带了一根短木头柄的半圆形铁铲，这铁铲形制十分独特，如果在地里一捣泥土，就可以轻松地把泥土带上来，并且保证土块不散乱，可以完全看出地下土层的情况。经验丰富的李鸭子见此情景，突然意识这种铁铲非常适合用来找墓。于是他暗自记下了这把铁铲的形状，回去自己开炉造了一把进行试验，结果大获成功，找墓的速度提升了不少。之后越来越多的盗墓贼开始用这种铁铲来找墓，并逐渐成了风尚。因为它最开始出自洛阳地区，所以被形象地称之为“洛阳铲”。

1928 年，著名的考古学家卫聚贤目睹了盗墓贼使用洛阳铲的情景后，突然灵机一动：把这把铲子应用到考古工作中岂不是很好吗？于是开始在考古界大力推广，效果非常好，从此洛阳铲就成了考古工作者的利器。

当然很多人会好奇，洛阳铲的具体工作原理是怎样的呢，为什么李鸭子看到这把铲子能够带出泥土，就断定它能够用来找墓呢？实际上道理很简单。我们来看看洛阳铲的形制，一般来说洛阳铲的铲头刃部呈月牙形，剖面呈半筒形，把洛阳铲插入地面后提起，铲头会带出一筒泥土。这些泥土，就是窥视地下世界的关键。

这里，我们得先普及一下地层的几个概念。考古学家将没有人类活动过的原始地层叫做“生土”，生土往往是因为风化、洪水等自然现象形成的，颜色单一，质地一致，非常容易辨别。因为人类各种活动形成的大小土层叫做“文化层”，也叫做“熟土”。文化层往往比较复杂，里面通常会留有非常多的人类活动的残存痕迹。还有一种叫“填土”，是人类挖掘各种坑穴回填后的土层。在挖掘墓葬的时候，各层颜色不同的生土、熟土被挖了出来，下葬之后，再将这些泥土回填至坑中。由于这些回填的泥土已经被翻搅了，打破了原来的层次和颜色，所以就成了糅合多种土层的“五花土”。

由于五花土经常出现在墓葬的周围，所以我们可以利用五花土来确定墓葬的大小、方位甚至形制。这时候洛阳铲的作用就体现出来了。它可以非常方便地将地下的土壤提取出来，再通过对这些土芯中的土质土色、夹带的遗存情况来判断，最终确定是否有墓葬。

经过一番考察，考古专家们认定，这是一个东周时期的墓葬，并且通过洛阳铲的勘探大致确定了墓葬的形制。整体而言，这是一个大型的甲字型墓，东西长约 25 米，南北宽约 20 米，墓道长 22 米。根据墓葬形制，专家们又将墓葬的时间锁定为战国早期。前面我们已经普及了蔡国的历史，在春秋中期，蔡国已经灭亡，到了战国早期，这里早已经成了楚国的疆域。所以这个墓葬，很可能是某位地位显赫的楚国贵族的。

● 围观考古现场：被盗成筛的墓葬

如此规模的墓葬，在上蔡当地是少有的发现。考古队员们兴奋不已，可是发掘工作开始没多久，考古队员们就一次又一次地陷入了失望与沮丧中。古墓就像个马蜂窝一样，早就被盗墓贼捅得体无完肤。这座命运悲惨的墓葬，还有文物留下来的可能吗?

古往今来，盗墓行为猖獗。而郭庄楚墓可以说是一个非常好的研究范本，根据考古学家之后的统计，郭庄楚墓可见的盗洞就有 18 个之多。在这里，不同时代的盗墓贼各显神通，都想通过自己的手段从这座贵族墓葬中分一杯羹。

目前可辨别的最早一个盗洞出现在墓室的北壁中间，是一个圆形的盗洞，根据盗洞口遗留下来的陶器碎片来看，这应该是个战国时期的盗洞。也就是说，这个楚国的贵族刚下葬不久，就被盗墓贼给盯上了。不过幸运的是，盗墓贼只向下挖了一米多就停止了，连沙层都没有挖穿，或许是中途突然出现了变故，不得已收手了。

接下来的盗墓行为在东汉时期到达了高潮。盗洞大大小小有十几个，有的大小只容许一个身材较瘦小的人进入，而最大的是一个近圆形的盗洞，东西长 15 米，南北宽近 20 米，几乎占据了整个墓室的二分之一以上。由于这个盗洞太大了，它还打破了它周围的 5 个汉代的小盗洞。如此巨大的盗洞，想要完成的话，单靠几个人的力量是远远不够的，偷偷摸摸地挖掘也是不切实际的。所以可以肯定的是，这是一个公开的群体性盗墓行为。这一时期的盗墓，可以说是卓有成效，有很多个盗洞都挖到了椁室，对墓葬造成了威胁。

东汉之后，郭庄地区的盗掘活动似乎平静了不少。即使是在北宋末年，这里的盗墓行为也很少。但是 20 世纪以来，不少人寻求发家致富的途径，郭庄附近由于土质非常细腻，适合烧制砖瓦盆缸，各种砖瓦厂如雨后春笋般冒了出来。随着起土区域的不断扩大，埋藏在地下的许多古墓被发现、被盗掘，各种珍贵的文物由此流落到了市场中。

在这一时期，郭庄楚墓也遭到了毁灭性的破坏。由于技术水平的提高，现代的盗墓贼已经不需要像他们的老前辈那样靠人力来盗掘，而是采用了一种更加便捷也更加残酷的盗墓方法：定向爆破。这是一种源自现代开采矿山矿石的方法，原理很简单，先在矿山上打出一个小洞，在洞内放好炸药和雷管，最后手摇启爆，炸出大洞。通过这种方法，盗墓贼们可以很容易把盗洞周边的土炸到边上，形成盗墓通道。文章一开始我们讲到的那两声半夜的巨响，就是当时盗墓贼在定向爆破时搞出的动静。

经过这么多次“骚扰”，郭庄 1 号楚墓早已经千疮百孔，破旧不堪。可即使是这样，我们仍然在墓中发现了 1000 多件随葬品，其中不乏一些精美的青铜重器。最大的一件圆形盖鼎口径达 80 厘米，在楚国青铜器中体量仅次于楚幽王墓出土的大鼎；四龙耳铜鉴口径达 67 厘米，也属于国内罕见；玉扳指、裸女玉耳勺、金龙玉环铜削、玉柄铜剑等也都是不可多得的精品。

这些精品之所以能够逃脱盗墓贼的“魔爪”，很大程度上得益于墓葬高超的反盗墓技巧和手段。当然有的人会说，这座楚墓本来等级就高，整个墓葬体量庞大，有“漏网之鱼”难道不是很正常吗？我们可以来对比一下1号墓边上的2号墓，目前学界认为2号墓埋葬的是1号墓主人的夫人。由于没有任何的防盗墓措施，盗墓贼仅仅通过一个平常的盗洞，就将墓中的所有随葬品“一锅端”了。而做了反盗墓保护的1号墓，即使经过了多轮盗掘，也依然有大批精品文物保留了下来。

● 反盗墓手段

说到“反盗墓”手段，大家总觉得是一件非常神奇且有技术难度的事情，但传统的反盗墓手段，其实非常朴素、直接。很多墓葬被盗墓贼惦记着，是因为它有巨大的封土堆，或者是在地面上有突出的标识，一眼就被人认出，大有“此地无银三百两”的感觉。所以有的人就吸取了教训，干脆“不树不封”，隐蔽墓址，让盗墓贼连位置都找不到。

这样的例子很多，比如南越王赵佗的陵墓。《太平御览》说：“吴将吕岱为广州，遣掘尉他冢，费损无获。（赵）他虽僭侈，然慎终其身，乃令后不知其处，鉴于牧竖所残也。”赵佗是南越国的创建人，早年曾为秦朝将领，秦末陈胜、吴广起义天下大乱后，赵佗乘机割据岭南，建立了南越国。他吸取了秦始皇陵因“牧竖”而遭受破坏的教训，特别注意自己墓葬的隐蔽，“棺塴无定处”。

到了黄武四年（225 年）的时候，孙权得知赵佗死后曾葬有大量的奇珍异宝，并且一直未被盗掘，贪财心切的他立刻命部将吕岱率领五千精兵，深入南越国故地搜寻财宝。但是由于赵佗的墓实在太过隐蔽，吕岱折腾了大半年后还是没有找到赵佗的墓，最后不得不无功而返。

当然，最有名的还要数成吉思汗的陵墓。自成吉思汗下葬近 800 年来，全世界的考古学家都想知道他的陵墓在哪里，但到目前为止，除了内蒙古地区有一座成吉思汗的“衣冠冢”之外，成吉思汗真正的埋葬地，所有人都不得而知。

根据蒙古族的习俗，元代的帝王死后都采取“密葬”形式，所以我们至今仍未发现一座元代皇家陵墓。据说当年成吉思汗病死于灵州（今宁夏灵武县）军中，终年 65 岁。手下将领遵从“密不发丧”的遗诏，由最忠心的侍卫将遗体运回故乡，下葬到准备好的陵墓中。埋葬之后，又出动了上万匹马来回奔跑，将墓地踏平，然后植木为林，最后以一棵独立的树作为墓碑。随后，参与这次行为的工匠和士兵全部被杀人灭口，最终将这一秘密带进了坟墓。

当然，这种低调处理自己身后之所的方式，实在有悖于王公贵族“炫富”的心理，于是出现了一种既能够安稳地炫耀显赫地位、又能够保证自己的陵墓不被发现的方法，这就是所谓的“疑冢”。集大成者是曹操的“七十二疑冢”。

相传当年曹操为了筹措军费公然盗墓，还特地设了“发丘中郎将”“摸金校尉”等职位来专职盗墓，“帅将吏士，亲临发掘，破棺裸尸，略取金宝”。为了避免自己重蹈先人的覆辙，他要求死后进行“薄葬”处理。《三国志》中提到：“古之葬者，必居贫瘠之地。其规西门豹祠西原上为寿陵，因高为基，不封不树。”除此之外，曹操还不放心，甚至设置了“七十二疑冢”来掩人耳目。

据说曹操出殡的那天，邺城所有的城门全部打开，七十二具棺材从东南西北四个方向同时从城门抬出，让人分不清到底哪一具才是曹操的真棺材。在这之后，有太多盗墓贼盯上了曹操墓，他们想要从古书中寻找一些蛛丝马迹，但最终都无功而返。直到2009年，河南安阳的高陵被考古发掘，最终确定了是曹操的陵墓。与一般的汉唐陵墓相比，高陵的规格不算小，但是却简单朴素得多，这倒与曹操生前一直提倡的“薄葬”能够互相印证。

除此之外，还有一些“反盗墓”手段是偶然间形成，远超于当时建墓预期的，比较有代表性的就是所谓的“伏火”。《汉书》中《外戚传下·定陶丁姬》记载过一个故事：“开丁姬椁户，火出炎，四五丈。”宋代的邵博在《邵氏闻见后录》中也说过：“盗夜发咸阳原上古墓，有火光出。”

由于古人的科学知识有限，他们无一例外地将这种现象解释为“鬼火”，但是其实这是一种自然现象。我们前面也说过，这样的墓在长沙地区称为“火洞子”。古时候盗墓往往又在月黑风高的晚上，拿着火把进盗洞，当然就会形成所谓的“鬼火”了。但其实，这根本就是“天时地利”的结果，而不是墓主人有意为之。

● 郭庄楚墓的反盗墓技巧

郭庄楚墓可谓是古今反盗墓技巧的集大成者，对它的考古发掘，让我们能够了解到古代的那些反盗墓方法是如何操作的，也让那些以往只停留在文字中的冷冰冰的信息变得可感知起来。那么，郭庄楚墓究竟有哪些有意思的反盗墓技巧呢？

迷惑众人的土层

最开始我们说过，盗墓贼判断地下是否有古代墓葬的核心技术，是通过判断土层中遗留物品的属性和年代。一般来说，下层的地层肯定要比上层的地层年代更久远。或许郭庄楚墓的墓主人具有超前的意识，他依靠这一原理玩起了迷惑人的障眼法。

郭庄楚墓的夯土大致可以分为两层，上层是厚 1 到 2.5 米的封土，下层是 7 米厚的填土。封土和上部的填土里面夹杂了很多的陶片、骨头、木炭、蚌壳等。而填土的下半部分，却是标准的五花土。如果盗墓贼只探索到上层的土层，发现填土里都是些陶片、骨头之类的东西，很容易误认为这是个原始社会的遗址，最终因为捞不到宝贝悻悻而归，根本不会想到在这“垃圾土”下面还藏着一个楚国的大墓。

亦真亦假的疑棺

曹操的“七十二疑冢”仅限于古史记载，至少在正式的考古发掘中，并没有发现存在曹操疑冢的确切证据。而郭庄楚墓却有力地证明了“疑冢”“疑棺”这样的方法是切切实实存在的。这是怎么操作的呢?

首先，墓主人依旧是将整个墓葬分成了上下两个部分。在上半部分，墓主人特意安置了两具疑棺，一具位于椁室中间的上部，一具位于椁室上方的东北部。这两具疑棺的底部位置与墓道底齐平，而且还象征性地在周围放了一些骨贝、铜铃等。往往盗墓贼挖到这里，就会误以为已经挖到了墓底，再看面前的棺材，里面什么值钱的宝贝都没有，通常会大骂一句，然后失望而出。可谁能料到这疑棺的下面，才是真正的棺椁。

这样亦真亦假的设置，的确迷惑了不少盗墓贼。根据发掘现场的勘查，有几伙盗墓贼挖到了疑棺这个地方，不过他们发现墓里的随葬品实在是太过寒碜，就没有继续深挖下去了。

取人性命的流沙积石

前面提到的两种防盗墓手段，说到底只是障眼法，如果盗墓贼真的铁了心想要往下挖，其实也能够找到真正的棺椁。为了保险起见，墓主人又想出了更为凌厉的手段，就是所谓的“流沙积石”，这也是整个郭庄楚墓的防盗核心。

具体的做法，是在整个墓坑挖好后，在棺椁的四周填满厚厚的细沙。这些细沙往往经过火烤等特殊处理，结构松散，不易聚拢。为了增强杀伤力，流沙中往往还混杂了大量棱角锋利的石块。在这样的沙层中，盗墓贼想要挖出一个洞来几乎不可能。即便幸运地挖出了盗洞，由于细沙是流体结构，可以流到洞内带动石头塌方，对盗墓贼造成致命一击。

郭庄楚墓的流沙积石层的设计很巧妙，它位于两座疑棺所在土层的下一层，紧紧护卫着真正的棺椁。当盗墓贼看清疑棺的障眼法，选择继续往下深入的时候，等待他们的是更加险恶的机关。整个流沙层的厚度达到了 11 米，沙层中不同部位分别设置了乱石、蒙顶石、贴顶石、卧底石等锋利的石块，足足有 500 多块。这些石块都经过处理，带有锋利的棱角，小的重十几斤，大的则超过了二百斤。作为墓葬的最后一道防线，流沙积石承担了非常重要的任务。而事实上它也不负墓主人的期望，来到这里的盗贼大多无功而返，悻悻而归。

精巧的墓道设计

说到这里，其实有心的读者已经明白了整个墓葬的大致构造：总共是两个部分，上面一部分用的是迷惑人的假棺，下面才是真正的墓室，周围填满了可以取人性命的流沙积石。

这样的墓葬构造，注定了郭庄楚墓的墓道设计与一般的墓葬不同。普通的墓葬中，墓道的底部就是墓室的底部，但郭庄楚墓因为分成了两部分，所以它的墓道高悬在半空，与疑棺的底部持平。

在发掘过程中，考古人员还发现，在距离墓道口附近两侧的墓道壁上，还有两道深深的凹槽，从挤压痕迹来看，凹槽之前可能载有木头，应该是个临时墓门。

这个临时墓门可大有讲究。专家推测，临时墓门的建立，是为了方便工人们隐蔽作业。真正的墓室建造，是在门后秘密进行的，工人们悄悄埋入真棺后，一边倒入积沙，一边放入各种尖利的石头，最后铺上与墓道底齐平的蒙顶石。在这之后，工人们才打开临时墓门，大张旗鼓地抬入假棺进行埋葬，以达到掩人耳目的目的。

讲到这里，真的不得不佩服古人卓越的智慧。所谓“魔高一尺，道高一丈”，在与盗墓贼的斗智斗勇中，反盗墓的技巧和手段，也在不断地进步、变化。

六

满城汉墓

读过《三国演义》的人都知道，刘备在自报家门的时候老爱说一句话："吾乃中山靖王刘胜之后，汉景帝阁下玄孙。"这营销做得简直一流，一来二去，谁都知道这刘备显赫的身世了。汉景帝相信大家都熟悉，平定七国之乱，维护国家统一，还和他的父亲汉文帝开创了汉代的第一个盛世——文景之治，放到整个中华民族历史上，也算得上是那一批最励精图治的明君了。中山靖王刘胜又是谁呢？我们的刘玄德为何要和他攀上关系，作为自己的政治筹码之一呢？

根据史书的记载，这刘胜的身份可不简单，他是汉景帝的儿子，汉武帝的哥哥。在刘彻成为汉武帝之前，刘胜就受封成了中山王，封地在今天的河北一带。司马迁在《史记》

中如此评价刘胜，说他“为人乐酒好内，有子枝属百二十馀人。”意思就是喜欢醇酒妇人，而且生育能力特别强，短短的一句话，就把刘胜刻画成一个纨绔子弟的形象。那么，历史中真实的刘胜，到底是不是这样的呢?

让我们从一座墓葬的发掘开始说起。

● 围观考古现场：炸出来的陵墓

河北省保定市满城区，位于保定市的东北边，西北边是太行山脉的山麓丘陵地带，现在看来就是个普普通通的地方。但在历史上，它可一点都不简单。在满城西南三公里处，也就是太行山的东麓，有一座海拔 235.8 米的小山丘，当地人称之为陵山。陵山周围散落着许多村落，东南山脚下有两个名为北陵山村和南陵山村的村庄。

对历史感兴趣的朋友立刻就会明白这些山名、村名背后所代表的含义。不用多说，在这座陵山中的某个地方，一定埋藏着古代的贵族墓葬。清代有本书叫《读史方舆纪要》，里面就记载了满城陵山名字的由来，就是因为相传这里有古代帝王的陵墓。陵山村村民之间至今还流传着一个传说，他们的先代是给人看坟的；陵山主峰的南坡上，还散布着大大小小的土堆，当地人传说是“王子坟”……

不过，因为年代久远，陵山上到底埋的是谁的墓，陵山村守护的究竟是哪一位帝王，都不得而知。直到一声爆破揭开谜团……

那是1968年的初夏，解放军原北京军区工程兵某部正在保定市西北21公里处的陵山执行秘密任务。当时，士兵们正在距离山顶30米的一处地方执行爆破任务，突然间地塌了下去，露出了一个圆形洞口，还不住地往外冒白烟。在场的士兵好奇，纷纷往洞里扔石头，结果石头没少扔，洞却像个无底洞般，怎么也填不满。

解放军士兵艺高人胆大，干脆把洞口砸大，并且派了3个士兵下去查看情况。进去之后，士兵们发现地上全是破碎的瓦片，还有一些马骨架的骨头。看来，是碰巧炸出了个古墓。

满城发现古墓的消息立刻传到了北京，甚至引起了周恩来总理的关注。6月18日晚，周总理在人民大会堂举行宴会欢迎坦桑尼亚总统尼雷尔，休息的时候周总理向郭沫若谈起了在满城发现的墓葬，并让郭老来负责这件事。郭老当时是中国科学院的院长，而考古所当时隶属于中国科学院，所以郭老立刻找了几位考古所的骨干前往满城，负责墓葬的发掘。

因为墓道已经被炸出了一个口子，考古人员赶到时，直接就可以从洞口进入墓室内。进去之后，大家发现里面是个很大的洞。墓主人相当于直接在山里凿了个地下宫殿，里面的布局，也基本上是仿照地面上的宫殿设计的。

整个墓道大约有 20 米长，两边分别为耳室，南耳室是个车马房，一共发现了 6 辆马车；北耳室是仓库，主要是一些日用杂货、食物用具等。有意思的是，在仓库里面，考古学家们发现了 16 个大缸，根据缸内的残留物，这些缸被鉴定为酒缸。看来，墓主人生前是个爱酒之人。

墓葬的中室，是一个宽大的厅堂，中间放了大量的铜、铁、金、银等宝贝。

而后室的布局分为主侧两间，侧间放着洗澡用的大盆、装水的器具，应该代表的是浴室。主室又分为三个部分，南部摆放着铠甲和兵器，中部放着灯具、熏炉等生活用品，北部放的则是墓主人的棺椁了。

● 刘胜

如何确定墓主人的身份？

在考古发掘中，最重要的部分是确定遗址的年代。如果发掘的是墓葬，最好能够明确墓主人的身份。但这并不是一件简单的事情，一般来说，一些贵族的墓葬里面，都有一些证明自己身份的东西，比如说墓志铭，或者是一些刻有铭文的私人物品。但由于古代的大部分墓葬都已经被盗墓贼光顾过，随葬品很难完整保存下来，想要确认墓主人的身份也就难上加难。

不过好在，满城的这座墓葬保存得还算完整。考古人员在墓葬内发掘了很多青铜器，其中的一些青铜器上面还刻有“中山府”“中山内府”字样的铭文。而且出土的封泥中，还有“中山御丞”的印文。这些证据表明，这座墓可能与古时候的中山国有关。

中山国，根据《汉书·地理志》的记载，下辖有十四个县，是其中所列的二十个诸侯王国中比较大的一个，人口约有六十七万，仅次于淮阳国而居第二位。它的地理位置，在太行山的东麓，就是现在的河北省中部偏西，也就是现在满城的所在地。

从墓葬形制和随葬品的时代风格判断，这座墓的时代属于西汉时期。我们还在墓中发现了大量的西汉五铢钱。我们知道，五铢钱始铸于汉武帝元狩五年，也就是公元前 118 年。所以这座墓葬的年代，应该不早于元狩五年。毫无疑问，这一座墓葬应该属于西汉中山国的某一任诸侯王。

那么，具体是哪一任中山王呢？根据《汉书》的记载，西汉中山国前后一共有10个王，最早的中山王是汉景帝刘启的儿子刘胜，最后一任中山王共在位8年，王莽称帝后被贬为公。他们的在位时间，有长有短，最长的是中山靖王刘胜，一共在位42年，最短的是哀王刘昌，在位不到2年就一命呜呼了。除了刘胜之外，其余9位都没有在位超过30年。

为什么我要不厌其烦地列举各个中山王的在位时长呢？这是因为墓中出土的铜器，有的刻有纪年，如“卅二年”“卅四年”“卅六年”“卅七年”等，都在30年以上。而其中一件铜镬，更是将时间精确到了日：“中山内府铜镬，容十斗，重卌一斤，卅九年九月己酉，工丙造。”由此可见，墓主人是中山国的第一代诸侯靖王刘胜无疑了。

前面我们说过，刘胜是汉景帝刘启的儿子，汉武帝刘彻的哥哥。我们对于刘胜的印象，主要来源于史书的记载。司马迁说刘胜“为人乐酒好内，有子枝属百二十余人”。班固在《汉书》里面沿袭了司马迁的说法，只不过是将“有子枝属百二十余人”改成了“有子百二十余人”。两个人都指出了刘胜是个好饮酒、沉溺于美色的人。《史记》中还记载了刘胜和他的兄弟赵王彭祖的一段对话。刘胜说：“兄为王，专代吏治事。王者当日听音乐，御声色。”彭祖不以为然，反过来说："中山王但奢淫，不佐天子拊循百姓，何以称为藩臣！"

结合这些史料，我们大致可以清楚，刘胜是个骄奢淫逸、终日纵情声色的诸侯王，活脱脱一个典型的纨绔子弟。那么，真正的中山靖王刘胜，又是什么样的呢？

● 考古的价值

我们谈到考古学作用的时候，常常会提到一点，就是考古能够起到证史、补史的作用。王国维说的"二重证据法"，傅斯年说的"上穷碧落下黄泉，动手动脚找东西"，其实就是考古学对于历史研究的作用。

这个如果详细讲起来，还可以分为两个层面。一个层面是，通过考古发现，来纠正一些错误的历史学观点。我们就拿埃及金字塔来举个例子。长期以来，民间一直有个误解，认为金字塔是由希伯来人建造的。20 世纪 90 年代以来，考古学家对金字塔附近的工人居住区和公墓进行了发掘，根据发掘的结果，考古学家认为修建金字塔的劳动大军很可能是由贫苦农民和自耕农以及下层阶级的其他成员组成的，他们利用庄稼收割后的农闲时期做工挣钱，而且待遇不错。除了这种季节性的工人以外，还有几千名长期修建金字塔的专业工人，他们负责指挥劳动、提供技术指导。所以说，金字塔实际上是一个大型的公共工程项目。

另一个层面，是考古能够补充历史学所不能触及的地方。这一点，在一些考古学新资料的发现上面尤其明显，比较有代表性的是罗塞塔碑和商博良的故事。罗塞塔碑是 18 世纪末拿破仑率军入侵埃及时发现的，是一块刻有铭文的石碑，上面有 3 种不同的文字。最上面是埃及的象形文字，中部的文字重复了上部的内容，用的是所谓的通俗文字，也就是埃及文的草写体。石碑下部的位置再次重复了上部的内容，用的则是希腊文。

在那个时代，埃及的象形文字已经属于“死文字”，没有人能够认得。但几乎每个学者都懂希腊文。才华横溢的法国学者商博良利用罗塞塔碑，破译了埃及的象形文字。他是如何做到的？从我们“马后炮”的视角来看的话，其实很简单，他首先释读了铭文中的希腊文部分，敏锐地注意到了托勒密和克娄巴特拉的名字多次出现。于是，他在埃及象形文字部分寻找重复出现的符号，并最终将其与这两个名字匹配上了。这样的思路，其实很像密码学的一些原理。无论如何，商博良解开了象形文字的秘密。罗塞塔碑的年代最终被确定在了公元前196年，是献给托勒密五世的。这位本来默默无闻的埃及法老因此出了名。如果不是因为考古发现，这些历史的秘密可能永远不被人所知。

回到满城汉墓，我们要想了解一个真正的血肉丰满的刘胜，最直接的方法就是研究墓中的随葬品。

考古学家在墓中，发现了各式各样、各种材质的酒器。比如说在一号墓后室出土的青铜蟠龙纹壶、乳丁纹壶、鸟篆文壶，制作特别精美，估计是刘胜生前钟爱的青铜酒器。除此之外，还有一些漆酒器、琉璃酒器等。刘胜墓中出土的琉璃酒器主要是耳杯，这是古代非常常见的用来饮酒的器皿，也叫作“羽觞”“羽杯”。马王堆汉墓出土的漆器耳杯，底部写了“君幸酒”几个字，也从侧面证明了耳杯饮酒的用途。

在汉代的时候，琉璃器还是比较少见的，而用琉璃制成的酒器就更加少见了。刘胜不惜用珍贵的琉璃材料制作成耳杯，可见他的嗜酒程度。

更有意思的是，我们还在墓中象征库房的北耳室中部发现了一批体积硕大的陶酒缸。有一些陶酒缸的肩部上写了一些朱书文字，如“黍上尊酒十五石”“甘醪十五石”“黍酒十一石”等。从这些文字中，我们可以得出两个关键性的信息，第一个是刘胜所藏的酒种类颇多，第二个是这些酒缸的容量不小。《汉书 · 律历志上》记载："二十四铢为两，十六两为斤，三十斤为钧，四钧为石。"也就是说，一石相当于一百二十斤。那么每个陶酒缸中所盛的酒，基本上在一千多斤以上。这里的"斤"，是汉代的度量衡，按照目前学者的研究，汉代的一斤，相当于我们现在的250克。换句话说，一千斤就是两百五十千克。每个陶酒缸能储存二百五十千克的酒，无论怎么算，都是一笔庞大的量。由此可见，史书评价刘胜好饮酒，还真是事实。

除此之外，我们还在刘胜墓中发现了3件银祖和铜祖。所谓的祖，其实就是象征着男性生殖器的工具。这大概率与汉代所谓的房中术有关，也从侧面证实了刘胜的妻妾之多。虽然我们无法确定史书中说的刘胜有子孙百余人是否是个确切数字，但是历史资料与考古发掘相结合，刘胜沉溺于美色这一标签，算是"实锤"了。

● 独特的丧葬制度

像对待生者一样对待死者

汉代可以说是一个很神奇的朝代，那时候的人们，似乎都很怕死。阴阳五行、神仙方术、谶纬迷信等等在社会上非常流行，上至帝王，下至百姓，都向往长生不老。因为对长生不老的执着追求，久而久之就塑造了汉代独特的丧葬制度。

其中一个很典型的观念是“事死如事生”。这个词按字面意思很好理解，就是要像对待活着的人一样对待死去的人嘛。古人认为，现实世界的人虽然已经死亡了，但是在地下世界还要继续生活，所以对于死后世界也要有所安排，尽量满足地下世界的需求，千万马虎不得。其实这一理念在先秦的时候就有了苗头，比如《礼记 · 中庸》就说：“敬其所尊，爱其所亲，事死如事生，事亡如事存，孝之至也。”

所以但凡有点地位的地主和贵族，都会遵照这一理念，实行厚葬，他们不惜花费重金营造墓葬，打造得跟现实生活中类似，方便自己在另一个世界生活。而站在社会顶端的统治阶层，更是将这一理念发挥到了极致。汉代有个叫“黄肠题凑墓”的墓制，“黄肠”指的是柏木黄心，就是去皮后的柏木。“题”指的是题头，就是木材接近根部的一端，“凑”则是说向内聚合。整句话连起来的意思是，这个墓葬的棺椁是用黄心柏木垒叠起来的，如此费尽心思的营造，其实就是为了模仿地面上的木构建筑而已。

再比如“崖洞墓”这种葬制。我们都知道，秦始皇陵是一个巨大的封土堆，陵墓就在这封土堆下面，这种墓葬一般被称为土坑墓。汉高祖刘邦的长陵，沿袭的也是这种葬制，但到了汉文帝的时候，他标新立异，开始了“因山为陵，凿山为藏”的崖洞墓形制。所谓的崖洞墓，其实就是把自然的山峰作为陵丘，然后在山腰开凿地宫，修建陵墓。

西汉所有十一位皇帝中，似乎只有汉文帝的霸陵采用的是崖洞墓这种葬制。《汉书 · 文帝纪》中说：“霸陵山川因其故，无有所改。”《三辅黄图》说：“文帝霸陵……因山为藏，不复起坟。”崖洞墓的墓葬结构究竟是怎么样的，因为霸陵至今尚未发掘，之前我们一直无法知晓，直到满城汉墓被发掘。

同霸陵一样，满城汉墓也是一座建于山体内的墓葬。根据测量，整个墓室全长 51.7 米，最宽处有 37.5 米，最高的地方有 6.8 米。最能够体现“事死如事生”这一思想的，是整个墓葬的设计与布局，完全跟逝者现实中的住所一致，前有前堂，后有后寝，南北侧还有车马房和库房。你看看，这不就是中国典型的“前堂后室”的布局吗?

我们还发现了很多似乎不应出现在墓葬中的陪葬品。在南耳室，也就是所谓的车马房，我们发现了 6 辆车，16 匹马。注意哦，这些车和马可不是我们以为的陶车、陶马，而是真正的车马。车是日常使用的车，马则是真马被杀后放进来的。

这就解释了为什么一开始解放军部队发现墓葬的时候，地上除了陶片，还有很多的马骨架。

在象征着库房的北耳室，还发现了大量的陶器，例如前面提到的用来盛酒的大陶缸，有些陶器中还发现了鱼类的骨骼、粮食作物的遗存等，估计这些陶器在随葬的时候都是装了食物的，只是因为年代久远逐渐氧化腐朽了。更有意思的是，其中一个陶器内的骨骼，经鉴定之后居然是岩松鼠、社鼠和黄鼬的，而且数量还很多，这表明这些鼠类是作为随葬品被有意识地带入墓葬的。不知道这是不是意味着刘胜有吃鼠类这一特殊癖好呢?

如此看来，刘胜希望自己死后能和生前一样，把自己生前爱好的那些东西，统统带入了自己的墓葬中，想要在另一个世界继续过着锦衣玉食的生活。

“玉”这种东西，真的不简单

另一个重要的观念，就是所谓的“升仙思想”。靠着“事死如事生”的理念，死者可以在地下继续过着想要的生活，但是古人又相信“灵魂不死”，所以他们并不希望死者的灵魂永远埋在地下，在合适的时机，还是需要“升仙”的。西汉初年著名的思想家陆贾在《新语 · 道基第一》中就记载:

“苦身劳形，入深山，求神仙，弃二亲，捐骨肉，绝五谷，废诗、书，背天地之宝，求不死之道。”秦始皇、汉武帝还曾经发动过大规模的求仙活动，可见“升仙思想”在当时的流行程度。

在满城汉墓中，最能体现这一思想的要数金缕玉衣了。所谓玉衣，指的是汉代皇帝和贵族死的时候穿的用玉制成的殓服。按照《后汉书 · 礼仪志下》中对于玉衣等级的划分，皇帝的玉衣用金缕，诸侯王、列侯等用银缕，大贵人、长公主用铜缕，也就是说，身份不同，缝制、缀连玉衣的线的材质是不一样的。但是刘胜作为一个诸侯王，身上穿的却是金缕玉衣，考虑到《后汉书》写的是东汉的历史，所以考古学家们估计在西汉时候，还尚未形成严格的等级规定，直到东汉时期，玉衣才明确分为金缕、银缕、铜缕三个等级。

在满城汉墓的金缕玉衣发现之前，以往的考古发掘，只出土过一些零星的玉衣片，都是散乱的，看不见玉衣的全貌，所以玉衣只存在于史书中，它究竟长什么样子，谁也说不清楚。而满城汉墓，让这个原本只在史书中出现的东西，终于呈现在世人的眼前，不得不说是一个震惊世界的发现。

现在我们知道，一件完整的玉衣可以分为头部、上衣、裤筒、手套和鞋。头部由脸盖和头罩构成，上衣由前片、后片和左右袖筒组成，裤筒、手套和鞋都是左右分开的。整套玉衣由被琢磨成长方形、梯形、三角形等不同形状的玉薄片组成，并且玉片上都有穿孔，再由丝线串联、编缀成整体。

汉代的贵族，为什么选择玉衣作为殓服呢？其中一个原因是玉被儒家赋予了多重美德，儒家认为玉具有仁、智、义、礼、乐等十一德。《礼记 · 玉藻》中说："君子无故，玉不去身，君子于玉比德焉。"而汉代"罢黜百家，独尊儒术"，自然将儒家"贵玉"的思想继承了下来。

另一个原因，也是与丧葬习俗更相关的原因是，汉代人相信温润的玉石能够防止尸体腐烂，甚至有起死回生的作用。《后汉书 · 刘盆子传》记载，赤眉发掘西汉皇陵，"有玉匣殓者率皆如生"，讲的就是玉石有防止尸体腐烂的作用。为了搭配玉衣，达到防腐的作用，还形成了"九窍玉"的概念。这所谓的九窍，指的就是两只眼睛、两个鼻孔、两个耳孔、一张嘴，以及生殖器和肛门。葛洪在《抱朴子》中说："金玉在九窍，则死者为之不朽。"玉衣加上九窍，这下子，死者的精气似乎彻底被围住，达到不朽的目的了。

但是，如果将目前为止出土的一些汉代玉衣放在一起考察，我们会发现，它们在头罩的顶部中央都放置了一块中央有穿孔的圆形玉片。换句话说，这包裹得严严实实的玉衣，恰恰在顶部留下了一个“出口”。这是为什么呢?

我们先来聊聊这个中央有穿孔的圆形玉片。其实它的名字叫做“玉璧”，是古代的礼器之一，在早期的古代社会生活中扮演着非常重要的角色。《周礼》中就说：“以玉作六器礼天地四方。以苍璧礼天，以黄琮礼地，以青圭礼东方，以赤璋礼南方，以白琥礼西方，以玄璜礼北方。”

这么重要的一个礼器，放在死者的头顶，一方面“人首向天”，暗含着“苍璧礼天”的古老规制。另一方面，“魂气归于天，形魄归于地”，人死之后，魄附着于尸体埋葬在地下，而魂则化气升天。玉衣制作得如此规整，甚至“九窍”都被盖住了，那么死人的魂如何化气升天呢?玉璧孔洞的作用就在于此。这就是汉代玉衣在头罩部位设置玉璧的奥秘所在，也是汉代贵族升仙思想在葬俗的一种体现。

七

曾侯乙墓

《国家宝藏》中，令我印象最深刻的是，嘉宾王刚在获许近距离参观完曾侯乙编钟之后，向眼前的那一排气势恢宏的编钟深深鞠了一个躬。这一个动作，体现了一个文物爱好者的敬畏之心。曾侯乙墓出土的编钟，也确实受得起这样的“待遇”。1978年，编钟在湖北随县出土的时候就震惊了全世界。我们很难想象，这套2000多年前的文物，如今还能演奏出动人的乐曲。这座传奇墓穴，还有哪些故事，是《国家宝藏》没有说的呢?

● 擂鼓墩

历史与现代的不期而遇，总是来得那么漫不经心。如同许多重大考古发现都来源于偶然事件一样，曾侯乙墓的面世，来源于军队的一次施工。

故事发生在 1977 年的秋天，当时武汉军区空军司令部的雷达兵部想要建一个军械雷达修理所。他们考察了湖北的很多地方，经过多番选址，都不是很满意。后来，时任湖北省省长的张体学就推荐了随县擂鼓墩这个地方，理由是“这个地儿环境好”。

要说这擂鼓墩，地理位置确实不错。它是一个平地突起的小山坡，向东约一公里，有㵐水自北向南流过；往南约两公里，有涢水自西向东而来，与㵐水交汇。而在它的西北面，是山峦起伏的丘陵地带。整个擂鼓墩依山傍水，居高临下，视野开阔。用古代风水的专业术语来说，就是“前有照，后有靠”“穴者，山水相交，阴阳融凝，情之所钟处也”。这枕山面水的环境，确实是一块天造地设的风水宝地。

擂鼓墩这地名的由来也挺有意思。传说春秋时期，楚庄王带兵攻打随国，但是随国上下一心，誓死捍卫国家。楚庄王久攻不下之际，没想到“后院失火”，楚国的令尹（相当于宰相）斗越椒发动叛乱，带兵围剿楚庄王。

在腹背受敌之际，楚庄王派出小将养由基与斗越椒比试射箭。养由基说：“你是令尹，我是无名小将。你先射我三箭，而我只射你一箭。”斗越椒是楚国有名的神射手，一听这番话，不由怒从心起，对准养由基就是一箭，没想到被养由基稳稳接住。斗越椒慌忙中再射一箭，又被接住。斗越椒使出浑身解数，朝着养由基的喉咙射了最后一箭。没想到养由基不费吹灰之力，一口咬住了箭。

没等斗越椒反应过来，养由基取下嘴里的那支箭，立刻射回，正中了斗越椒的咽喉。楚庄王见状，立即敲响战鼓，乘胜追击，平定了叛乱。而当时楚庄王擂鼓的小山坡，就被称为了“擂鼓墩”。

当然，这只是个传说而已，真实性有待考证，不过稍有点考古学常识的人如果听到这个地名，肯定会对其中的“墩”字非常敏感。这里面，可能暗藏着某些玄机。为什么这么说呢？我们知道，古代对于地点的命名是非常朴素实在的，经常会根据地形特点进行命名，比如说一个小山坡，就会被称为“岗”“墩”之类的。而恰巧，古代的一些高等级墓葬在建造之时往往会有巨大的封土堆，这些封土堆经过年岁的累积逐渐荒芜，从外观上看就像是一个个小山坡。这两个因素相结合，我们就会发现在那些以“墩”“岗”等命名的地点发现古墓葬的概率非常之高，比如陕西沂州的九原岗壁画墓，比如江苏的俞墩遗址、庙墩遗址、龙墩遗址……

所以说，如果你家所在的地方恰好拥有悠久的历史文化，建议你好好搜寻一下附近有没有带“墩”“岗”之类的地名，说不定那里就是个古代贵族的墓葬。擂鼓墩这个地方，不仅风水好，符合古人陵墓选址的要求，又拥有悠久的历史，不得不让人浮想联翩。

当然，雷达兵部的这些军人们，大概是没有想到这一点的。他们只是觉得这边环境优美，特别适合建造军械雷达修理所。不过，当他们选定了这个地方，并往地里挥下第一锄头的时候，一个令世人震惊的考古发现，马上就要登上历史舞台了。

● 泥土中的端倪

建造计划紧张有序地进行着。为了加快进度，雷修所从附近农村召集了几十名村民来帮工。在地的表面，是一层厚度约 20 到 40 厘米的含沙黄褐色泥土，往下挖不久，就出现了一层红色砂岩。这一层砂岩十分坚硬，挖掘起来非常辛苦。于是雷修所就从县里调来了重型推土机来帮忙。没想到推土机推进了几米后，岩石是越来越坚硬，无奈之下，施工队转而选择先用 TNT 炸药爆破，然后再动用推土机的方式。

由于施工难度加大，整个施工现场变得有些忙乱起来。就在这一片混乱之中，有人突然发现中间有一块地方的土质似乎有些异样，别的地方都是坚硬的红色砂岩，但这块地方不是，它由褐色的泥土组成，还掺杂着一些黑色胶状的泥土。用铁铲铲下去，土质很硬，不像是自然的淤泥，倒更像是夯实的泥土。

当时，随着马王堆墓的发掘过程被拍成纪录片在国内外公映，全国各地迅速掀起了一阵“马王堆热”。马王堆墓出土的那具保存完好的辛追女尸，也成了家喻户晓的“明星”，以至于各地的考古工作人员们都暗自铆足了劲，希望在有生之年也能发掘出一具类似的古尸。雷修所的一些同志刚好看过马王堆墓的纪录片，他们就发现，这些不同寻常的泥土，似乎跟屏幕中看到的墓葬的泥土有些类似，于是有的人就怀疑，这擂鼓墩下面会不会隐藏着一座古墓呢?

在前面的章节中，我们不止一次地说过，墓葬是一门泥土的艺术，从泥土中发现墓葬的蛛丝马迹是考古学实践的一项基本功。赵本山和宋丹丹的一个小品中有这样一个脑筋急转弯：把一只大象放到冰箱需要几步？答案是三步：把冰箱门打开，把大象放进去，再把冰箱门关上。还真别说，这个脑筋急转弯充满了深刻的哲理。同理，古人建造一个墓葬也只需要三步，先在地里挖出一个坑，等到下葬之后，再将泥土回填并夯实。在这一挖一填中，墓葬中的泥土就自然而然与周围的天然泥土有了区别。而正是这一点点区别，成了我们发现墓葬的关键。

随着施工进度推进，施工队又发现了另外一个奇怪的现象，泥土中居然出现了一块长宽各一米多的麻灰色花岗岩大石板。经过清理，众人大吃一惊，这土层中接连铺着一层石板，除了之前发现的那一块，还有四五块类似的石板，它们平铺组成了一个平面，带有很明显的人工痕迹。人工铺设的石板再加上之前发现的不同寻常的土层，更加坚定了施工队对于地下有一座古墓的构想。

很快，施工队请了专业的考古队来这里进行考察。专家们来到现场，绕着工地看了一圈，发现线索特别明显，比如有一处地方土质湿润，有青膏泥的迹象（后来得知是盗洞口）；有的地方有夯窝，直径约五厘米，排列整齐，明显是夯土后留下的痕迹。而且从土层的断面来看，红砂岩和填入的五花土泾渭分明。专家们当即断定，这里有一座大型古墓。

那么，地下的世界到底是怎么样的？这座古墓的大概范围是多少呢？考古专家们虽然经验丰富，但也不是火眼金睛，能够一眼看穿土下的情况。所以还需要借助其他的工具。这个时候，专家们拿出了准备好的探铲，准备进行钻探。这探铲就是我们日常说的洛阳铲，前面我们已经详细讲过洛阳铲的来龙去脉，这里就不重复了。

不过有的读者可能会好奇，有的考古工作者似乎仅仅依靠探铲带出来的土质土色的信息，就可以判定地底下这座墓的时代，这到底是故弄玄虚，还是真的有事实依据呢？在考古实践中，我们一般通过三个维度来判断墓的时代：一是形制，二是墓底颜色，三是填土。

形制是判断墓葬年代的主要依据。大约从新石器时代开始，古人就开始有意识地为自己建造墓葬，而墓葬本身的形制也在不断变化中，不同时代、不同地区的墓葬有着不同的特点，同时代的不同规格的墓葬也有区别，这里面往深了说会很复杂，我们可以做一些简单的介绍。粗略地讲，我们古代的墓葬大致可以分为竖穴土坑墓和室墓两种。新石器时代至战国的一般中小墓为长方形竖穴土坑墓，商周大墓有中字形、甲字形和亚字形墓。从战国时期开始出现了洞室墓，一直到明清时期都存在，不同时代的洞室墓也有各自的特点，例如六朝至隋唐的洞室墓，就是将当时居住的屋子的样式建在了地下，有墓道、甬道和墓室三部分，有的还有天井；宋金时代除土洞墓之外，砖室墓为仿木构建筑，很有时代风格。

墓底颜色也是判断依据之一，一般朱砂底是两周时期的；白灰底是汉代的；青灰底是唐宋的。

填土是指我们可以观察土质土色来辨别其新、老程度，以此来判断时代。年代越早的墓葬填土，在长时间的压力和雨水作用下，结构越来越密实，颜色也相应地变暗。而新土的特征则完全相反。

当然，通过墓底颜色和填土来判断有一定的缺陷，因为并不是所有的墓都有可以辨识的底子，而且大多数考古钻探不一定能到墓底。而若是仅仅通过填土的新、老来判断，时间跨度又太大。所以在日常的考古实践中，我们都是将三者结合起来分析的，以形制判断为主，墓底颜色和填土判断为辅。

我们可以以这一座墓为例，来看一看具体的操作情况。首先，探铲铲头带出的是坚硬的白膏泥，往下探到约 1.2 米的时候，接触到了木炭，厚度大约十几厘米。再往下，就接触到木椁了。从探铲反馈出来的手感看，这地下的木椁很有可能还没有腐烂，保存状况良好。

为了探清楚墓葬的具体情况，专家们又接连打了好几个探孔，最终得出了一个结论：这是一座竖穴岩坑木椁墓，年代应该在春秋到秦汉之间。所谓竖穴岩坑木椁墓，就是先在红砂岩的山包上凿出一个竖穴作为墓圹，在墓圹内放置好棺椁后再用泥土回填。更令人震惊的是，如果仅是根据探测结果来看，这座古墓大概东西长二十米，南北宽十六米，这规格整整比马王堆汉墓大了六倍，别说在湖北境内了，就是放到整个中国，也是无可匹敌……

● 围观考古现场：编钟揭开历史谜团

1978 年 5 月 11 日，墓葬开始发掘。一开始，因为还不清楚墓主人的具体身份，所以称之为“擂鼓墩一号墓”。随着发掘的推进，出土的文物越来越多，开始关注擂鼓墩一号墓的人也越来越多。直到编钟的出现，整个过程进入高潮。

那是 1987 年 5 月 22 日凌晨，考古队已经连续花了几天时间用水泵清理墓中的积水。整个墓坑的水位下降得很缓慢，正当大家都昏昏欲睡的时候，突然有人大喊：“有东西！”众人立刻睡意全无。灯光照过去，是三根方形的长木，每根长约 1.8 米左右。而每根长木的下方，各自悬挂着一排编钟。原来，这三根木头就是悬挂编钟的支架。

这一发现可了不得。其实在此之前，中国其他地方的考古遗址中已经出土过一些青铜编钟了，比如长治十四号墓出土了一组八件编钟，河南信阳楚墓出土了十三件编钟。但从没有哪一次编钟的数量和质量，能和这次的媲美。为了慎重起见，考古队的领队立刻下令减慢排水速度。木头制的支架，因为长期浸泡在水中，肯定已经变得脆弱无比，稍有不慎，支架就会断裂坍塌，后果就不堪设想了。为此，考古队制定了“防晒、放倒、保水”的“两防一保”方法：

防晒：准备钢筋架塑料棚，太阳一出现，立马进行遮挡；

防倒：椁墙上搭上安全架，用塑料薄膜托住横梁，避免断裂；

保水：在横梁上盖上饱水塑料泡沫，同时准备喷雾器，不断地喷水。

这几个方法，其实就是要尽量保证文物出土后不会因为环境骤变而损毁。经过了几千年的埋藏，文物已经变得脆弱不堪了，之所以没有损坏，是因为它处在一个稳定的环境中。这个时候如果环境突然发生了变化，文物很可能就会灰飞烟灭。

比较有名的一个例子是，浙江河姆渡遗址出土的稻谷遗存，刚开始的时候是金黄色，甚至可以看到稻谷的绒毛，但出土后由于保存不当氧化了，颜色也变得黑黑的。

随着水位进一步下降，到了24日午夜时分，又一层横梁露出了水面。这一排悬挂的是青铜甬钟，由小到大依次排列，气势磅礴。钟架两端有着半米多长的青铜套，上面满饰深浮雕镂空龙首花纹，横梁上满绘着菱形几何纹。

25日傍晚，编钟架下又出现了一层横梁，经过清洗，发现梁下有三个佩剑铜人和一根圆柱顶托。悬在横梁上面的，一共有12件大型的甬钟和一件特大型镈钟。梁的两端依旧配着青铜套，上面有镂空龙首、凤鸟、花瓣等图案。

至此，整套编钟全部露出。一套旷世瑰宝，就以蛟龙出水般的姿态，呈现在了世人的眼前。这一整套编钟，总共65件，以大小和音高为序，编成8组悬挂在3层钟架上。在木架中有7根彩绘木梁，两端以蟠龙纹铜套加固；6个铜铸佩剑武士和8根圆柱承托住整个编钟，形成上、中、下三层。曾侯乙编钟是我国迄今为止发现的数量最多、保存最完好的一套编钟，是当之无愧的国宝。

● 探寻墓主人的身份

现在，摆在考古学家面前的有两个问题：这个墓的主人是谁？又是在何时下葬的？要解决这个问题，最简单直接的方法，是在墓中找到相关的描述文字。当考古学家们面对这一套编钟时，发现了一个混杂其中的“另类”。这件位于下层中间部位的镈钟形状极为特殊，整体健硕突出，似乎与周围的甬钟格格不入。等到清理干净之后，钟体的中间部位出现了一篇铭文：

佳王五十又六祀，返自西阳，楚王熊章，作曾侯乙宗彝，奠之于西阳，其永持用享。

这一句话提到了两个关键的人名，一个是“楚王熊章”，一个是“曾侯乙”。从文字里我们可以看出，这个镈钟是楚王赠与曾侯乙的，那么是否代表，这个墓就是这位名叫“乙”的曾侯的葬身之所呢？我们还需要更多的证据。

令人欣喜的是，墓中出土的编钟上面，频繁地出现了“曾侯乙乍時”的铭文。同一个人名作为物主，如此频繁地出现在一座墓上面，更能够说明，接受楚王馈赠的曾侯乙，正是这些编钟的拥有者，同时也是此墓的主人。

那么，曾侯乙又是在何时下葬的呢？我们还是先来看一看镈钟上的铭文。“佳王五十又六祀”，意思是王在位的第

56 年；“楚王熊章”，指的是一个叫熊章的楚王，根据史籍记载，楚国前后一共有四十多位王，但是在位超过 56 年的只有楚惠王一人，而楚惠王的名字，正是熊章。这说明，在楚惠王 56 年，也就是公元前 433 年的时候，楚惠王铸造了这个镈钟，并将它赐予了曾侯乙。

这意味着，曾侯乙的下葬时间，绝不可能早于公元前 433 年。目前比较权威的说法是，曾侯乙正好是在公元前 433 年去世的。事实究竟如何呢？解密的钥匙还是藏在那段铭文中。

“作曾侯乙宗彝”的意思，就是作祭祀曾侯乙的祭器。既然是祭器，这个人肯定是去世了，这是青铜器铭文的惯例。“返自西阳”应该理解为“报自西阳”，古时候“反”与“报”常常互相代用。而在古代，“报丧”常常被称为“报”。所以整句话的意思就是：楚惠王 56 年的时候，从西阳那边得到了曾侯乙去世的讣告，于是制作了祭奠的彝器，并在西阳进行了祭奠，希望他永远享用。

问题又来了，作为当时称霸一时的国家，为何楚惠王会给一个小诸侯国如此高的礼遇呢？原来，曾国就是历史上的随国，当年发生了一件特别著名的事：伍子胥、孙武统帅吴师伐楚事件。

伍子胥本是楚国人，后来受楚王迫害而投奔到了吴国，帮助吴王阖闾争得王位后，力主伐楚，当时的吴国国力强盛，自然打得楚国溃不成军。就在这时，当时的楚昭王避难到了随国，并成功躲开了迫害。或许，曾侯乙就是保护了楚国的随君后裔，楚惠王以如此高的礼遇来祭奠他，正是为先王报答恩德。

● 豪华的音乐王国

礼乐文明是我们中国古代文明的重要组成部分，音乐，在我国古代社会是不可或缺的。在很早的时候，中国就已经有了“八音”的说法。所谓“八音”，其实就是指八种制作乐器的材料：金、石、土、革、丝、竹、匏、木。“金”指的是用金属制作的乐器，比如编钟；“石”指的是用石头或玉石制作的乐器，比如磬；“土”指用陶土制作的乐器，如“埙”；“革”是用动物皮革制作的乐器，如鼓；“丝”指用丝弦制作的乐器，如琴、瑟；“竹”指用竹子制成的乐器，如笛子；“匏”是用葫芦制作的乐器，如笙、竽；“木”则指木制乐器。由此可见，至少在先秦时期，中国的乐器种类，就十分丰富了。

现在提到曾侯乙墓，大部分人立马会联想到墓中出土的那一套大型的编钟。但其实，曾侯乙墓中出土了数量非常多、种类非常丰富的乐器。根据考古队的统计，有编钟、编磬、鼓、瑟、琴、笙、排箫、横吹竹笛等 8 种共 124 件乐器。如果将这些乐器复原、排列好，完全就是一支豪华的乐队。

在这么多出土乐器中，最让我感兴趣的是两把“琴”。这两把琴，都出土于墓葬的东室，其中一把为五弦琴，另一把为十弦琴。

琴应该算是我国古代最具代表性的乐器之一，它常常与文人风雅相挂钩，最具代表性的就是伯牙子期的故事了。《列子 · 汤问》中记载，俞伯牙的琴术很高明，钟子期则善于鉴赏琴曲。俞伯牙弹琴的时候，有时候想象自己在登高山。钟子期心意相通，说：“弹得太好了！我好像看见了一座巍峨的高山。”俞伯牙想着流水，钟子期又说：“弹得真好啊！我仿佛看到了奔腾的江河。”总之呢，俞伯牙每次想到什么，钟子期都能从琴声中领会到。

有一次，伯牙子期同游泰山，玩得正开心，突然下起了大雨。他俩找到了一块大岩石躲雨。忽然间，俞伯牙感到很悲伤，于是拿出随身带的琴弹了起来。一开始弹绵绵细雨的声音，后来又弹大山崩塌的声音。而每次弹的时候，钟子期都能听出琴声表达的意思。

曲罢，俞伯牙放下琴感叹道：“我弹琴时营造的意境，你都能想象得到。这就是所谓的‘知音’吧。”后来，《吕氏春秋》记载，钟子期死了以后，伯牙非常难过，摔断了琴，终身都没有再弹过琴。

《三国演义》里还有“空城计”的故事。当年魏国派司马懿挂帅进攻蜀国街亭，诸葛亮派马谡驻守失败。司马懿率兵乘胜直逼西城。面对司马懿的二十万大军，诸葛亮临危不乱，自己披上鹤氅，戴上纶巾，领了两个小书童，带上一把琴，就到城上望敌楼前凭栏坐下，燃起香，慢慢弹起琴来了，硬生生地把司马懿吓跑了。当然了，“空城计”的故事本身是虚构的，但也能从中看出琴在古人生活中的作用。

诸葛亮的老对手周瑜，也是历史上有名的古琴名家。有个很有名的典故，叫“曲有误，周郎顾”。什么意思呢？《三国志》中说，周瑜年少时就精通音律，即便是在酒过三巡之后，弹奏者只要有细微的差错，他就能觉察到，并扭头去看那个出错者。由于周郎相貌英俊，酒酣后更是别有一番风姿。所以那些弹琴的女子，为了让他多看自己几眼，常常会故意将曲子弹错。

那古琴，到底是什么样的呢？现在保存下来的古琴实物，最早是到唐代。在很长一段时间内，我们都不清楚唐代以前的古琴的样貌。

后来，马王堆汉墓中出土了一把七弦琴，通体黑漆，头宽尾窄，琴面上有七条弦痕。和后世的琴相比，唯一的不同点在于它没有徽位，面底板是活的，尾部为实体。所以学者们认为，这应该是现代古琴的前身。

而曾侯乙墓出土的十弦琴，比马王堆汉墓的琴多了三弦，根据专家的推测，两者可能有一定的渊源，但这个渊源和具体的发展脉络目前还难以理清楚。

另一把五弦琴，经专家们考证，就是历史上失传已久的“筑”。

“筑”在我国古代，尤其是唐宋之前，是非常重要的一种乐器，流传下来的典故也很多。

高渐离，是战国时期燕国有名的琴师，同时也是荆轲的好友。当年，荆轲刺秦王，马上要出发的时候，高渐离为他易水送别，用的乐器，就是筑。荆轲正是和着筑的乐声，唱出了那句“风萧萧兮易水寒，壮士一去兮不复还”。

现在大部分人讲“易水送别”这个故事，到了荆轲刺秦就到头了，但其实，高渐离的故事也十分让人唏嘘。荆轲失败之后，高渐离因为亡国又失去了好友，痛苦万分，于是隐姓埋名，在宋子家做了一名仆人。有一次，宋子家里宴客，酒酣时有客人击筑助兴。高渐离听到筑乐，不禁勾起了心事，忍不住点评了几句。主人听说后，就让他表演一番，结果技惊四座，不多久，远近的人都知道宋子家有这么一位击筑的大师。

后来这事儿传到了秦始皇耳中，秦始皇得知高渐离是荆轲的好友，但不计前嫌，赦免了他的罪过，还邀请他为自己击筑。不过，为了保险起见，秦始皇命人先弄瞎了他的眼睛。后来，高渐离偷偷地在筑中灌了铅，在秦王听击筑着迷时，效仿荆轲刺秦，奋起用灌铅的筑击打秦王。不过很可惜，也没有成功，最终逃不了被杀的命运。

汉高祖刘邦，也是个击筑高手。《史记·高祖本纪》中记载了这样一个故事。汉高祖十二年十月，淮南王英布起兵谋反，刘邦亲自出征，最终击败了英布。在得胜归来的途中，刘邦顺路回了趟自己的故乡沛县。在庆祝宴会上，刘邦面对自己的父老乡亲，回望岁月慷慨激昂，他一面击筑，一面唱歌，即兴创作了那首千古名篇："大风起兮云飞扬，威加海内兮归故乡，安得猛士兮守四方。"

从这几个典故中我们可以看出，筑的音色似乎是有些悲怆的，总是与苍凉的气氛相搭配。它究竟是一种怎样的乐器呢？

史料中其实有着很明确的记载。汉代许慎《说文解字》中说："筑，以竹曲，五弦之乐也。从竹，从巩；巩，持之也。竹亦声。"汉代刘熙《释名·释乐器》："筑，以竹鼓之。筑，柲之也。”《旧唐书·音乐志二》：“筑，如筝，细颈，以竹击之，如击琴。”通过这些记载，我们大致可以得出这样的共识，筑是因为以竹击奏之而得名的，演奏时需要手持，而外形是“似筝”“细颈”。

不过对于筑究竟有几根弦这个问题，不同的人有不同的看法。《史记·苏秦列传》中提到：“筑似琴而大，头圆，五弦，击之不鼓。”这里提到的筑，是五弦的。但到了宋代，北宋陈旸写的《乐书》中却是这么说的：“筑之为器，大抵类筝。其颈细，其肩圆。以竹鼓之，如击琴。然又有形如颂琴，施十三弦。”这里又成了十三弦了。

那么，哪一种才是正解呢？我们可以看一下考古发掘出土的文物。1973 年，马王堆的三号墓发掘出土了一件明器模型。它通体用一根木头削成，长约 33 厘米，形状近似四棱长棒，并髹了黑漆。明器的首尾两端各有 5 枚小竹钉一字形等距嵌入，首端的竹钉外侧还插置了一个蘑菇形圆柱，上面缠绕着丝质残弦。一同出土的，还有一些遣策。所谓的遣策，其实就是古人丧葬时记录随葬物品的清单，所以只要将随葬品和遣策对照着看，基本上可以将随葬品一一对应上。其中，遣策中写着：“筑一，击者一人。”再结合文献中对于筑的描述，我们可以知道，这明器其实就是筑。

我们再来看曾侯乙墓出土的“五弦琴”。它全长115厘米，首尾两端各有一山岳，上有五道弦槽，外侧琴面上有五个弦孔，尾端弦孔外侧有一方头圆柱。其形制，和马王堆汉墓出土的“五弦琴”类似，所以我们有理由认为，这就是战国时期“筑”的实物。

八

青州龙兴寺佛教造像窖藏

佛教，这个诞生于印度的宗教，在发源地日渐式微。自东汉末年传入中国以来，佛教跌跌撞撞地发展，在时间的长河中留下了许多遗迹，比如闻名中外的敦煌莫高窟，比如中国最早的木构建筑南禅寺……这一章我们就以青州龙兴寺出土的佛教造像窖藏为例，聊一聊关于佛教的故事。

● 青州的历史地位

在聊龙兴寺佛教造像窖藏的发现之前，我们得花一点时间，聊一聊青州这个地方。青州属于山东省潍坊市，现在看来是个普普通通的县级市，但在古代，青州的名头可是响当当的，它最早见于《尚书 · 禹贡》：“海岱惟青州。”是大名鼎鼎的“九州”之一。

在历史上，青州地区佛教的兴盛主要因为两件事情，而且都发生在南北朝时期。南北朝是我国历史上非常动荡的一段时期，那时候天下群雄纷争，各路豪强势力是“你方唱罢我登场”。在乱世之下中，百姓生活得水深火热，只能把希望寄托在宗教上。所以在这段时间，佛教在中国发展得异常兴盛。

东晋隆安二年（398 年），慕容德在山东境内建立了南燕国，就定都于此（那个时候青州被称为益都）。南北朝时期有很多皇帝都崇佛，慕容德也不例外，他十分看重僧人郎公，并对他“假号东齐王，给二县租税”。一个僧人被封为王，并且还有自己的封地租税，这样的待遇，在我国的佛教历史上是绝无仅有的。而这样一种行为，对于郎公在南燕的弘法活动，无疑是莫大的支持。青州境内的佛教传统由此兴起。

东晋义熙六年（410 年）的时候，刘裕北上灭了南燕国，从此青州就归东晋管辖，成了南朝的势力范围。刘裕的大名我们可能不太熟悉，但我们小时候一定都背过辛弃疾的《永遇乐 · 京口北固亭怀古》，里面有句：“斜阳草树，寻常巷陌，人道寄奴曾住。”“寄奴”指的就是刘裕。412 年，到印度取经的东晋高僧法显大师自师子国（现在的斯里兰卡）经海路归来，最终在青州长广郡的牢山（现在的山东崂山）上岸。当时青州的太守李嶷崇信佛法，他留法显在青州居住了一年多，期间译注了大量梵文经卷。

这法显可是个了不起的僧人，他是我国历史上第一位去海外取经求法的大师，比玄奘早了约200多年时间。前后历时14年，游历30余国，带回了大量佛学经典，自此以后，我们的僧人才有了可以学习的佛教约束和教义条律。所以在青州居住的那一年，法显肯定带动了当地佛教事业的大发展，自此之后，青州及附近地区的佛教寺院纷纷兴建。不仅修造了云门山、驼山等石窟，还修建了宁福寺、广化寺等著名寺庙。

20世纪60年代以来，考古学家在青州及其附近的博兴、广饶等地陆陆续续出土了近千件石佛造像和百余件金铜佛造像，这些造像造型精美，线条流畅，艺术特征鲜明，被誉为“青州风格”。我们可以随便举几个考古发掘的例子：

1976年，在山东博兴县的龙华寺遗址中发现了一批佛造像；1981年，青州迟家庄兴国寺遗址采集到了一批残缺的佛造像，主要是北魏晚期、东魏和北齐时期的作品；1988年，诸城市发现了一批北朝的残缺造像约200件，石质主要是汉白玉和石灰岩，制作精美，神态变化多端……

而青州龙兴寺佛教造像窖藏的发现，无疑是整个青州地区，乃至全国的佛教考古上最浓墨重彩的一笔。那么，它是如何被发现的呢？

● 围观考古现场：龙兴寺佛教造像窖藏

1996 年，青州当地的一所师范学校需要扩建一个有 400 米跑道的标准操场，选中的地方恰巧是历史上记载的龙兴寺故地。这龙兴寺在青州的历史上，可是个大名鼎鼎的寺院。它始建于北魏时期，北齐的时候被称为“南阳寺”，是当时的“正东甲寺”。唐开元年间改名为“龙兴寺”，到了明代初年被废，前后存世约 800 年。

关键的是，在很多历史文献中，都明确记载了龙兴寺的位置。例如《益都县图志》中记载：“龙兴寺，位于府城西北隅。”北宋王辟之的《渑水燕谈录》也记载了一条十分可贵的资料：

> 皇祐中（1049—1054 年），范文正公镇青，龙兴寺僧舍西南洋溪侧有醴泉涌出，公构亭泉上，刻石记之。其后青人思公之德，目之曰范公泉……

这段文献有什么意义呢？在现在的青州城西门城墙下，恰巧有一条河，名字叫洋溪，而在洋溪的边上又恰恰是著名的范公亭。这两个地点都与文献所描述的一致，所以很可能，龙兴寺遗址就在青州城西门附近，而这里，刚好就是师范学校扩建的地点。

所以一开始，青州博物馆的专家们就注意到了这个工地，没准还真的有可能一不小心就挖出个龙兴寺呢？

10 月 5 日早晨，青州博物馆的王庆华馆长一早起来，同往常一样在操场工地上散步，看看地上有没有新的发现。走到工地西北角的时候，他突然发现推土机翻出的泥土土色与别处的不同，稍加观察之后，他判断这些泥土就是考古中常见的五花土。五花土，我们在之前的章节中也介绍过，其实就是墓葬或者窖穴回填后的泥土。正常情况下的生土层，不同时代的土质土色都会有所不同，而古人在深挖墓葬或窖穴的时候，往往会往下挖掉不同颜色的土层，最后回填时，已挖出的各层泥土互相叠压、混杂，形成了与周围土壤颜色不同的五花土。由于五花土的土色和土质与周边的生土不同，所以非常容易区分出来。

经过分析，这些五花土都是从一个圆坑中散布出来的。基于职业的敏感性，王庆华首先想到，这会不会是个盗洞？

这可是个很明显的信号，预示着这里很可能有考古遗址。于是王庆华立即申请进行了考古试掘。一伙人折腾了一上午，往地下试掘了大约 3 米深，正当大家累得气喘吁吁的时候，突然有个眼尖的人喊了一声：“有佛像！”

有佛像，很可能代表着这里存在着寺院遗址。看来专家们的直觉没有错。

不过专家们倒是算错了一点，就是这个圆坑压根不是什么盗洞，而是一处废井。当年有村民曾在这里打井，不断地挖出佛造像的碎块，而且越往下挖就越多，他们觉得太费劲了，就干脆转移到了其他地方，留下了这个井坑。后来这个井坑被回填，就被“伪造”成了盗洞的样子。青州博物馆的人比较幸运，村民们只往下挖了 2 米多深，而他们挖了 3 米多深，终于发现了比较完整的造像。

在发掘的过程中，考古队发现这是一处专门埋葬佛造像的窖藏遗址，所以就将这次的发掘项目定名为“龙兴寺佛教造像窖藏”。最终这里出土了各类造像 400 多尊，有带背屏的、有贴金彩绘的，甚至还有罕见的法界人中像。这批造像的年代，有纪年的最早是北魏永安二年（529 年），最晚的是北宋天圣四年（1026 年），历经了北魏、东魏、北齐、隋、唐和北宋，时间跨度长达 500 余年。总而言之，令人叹为观止。后来，龙兴寺佛教造像窖藏还被评为了“1996 年全国十大考古新发现”和“中国 20 世纪 100 项考古大发现”。

● 窖藏

讲到这里，可能很多读者会有疑问，这个所谓的“窖藏”，到底是什么呢？在大部分读者的脑海中，考古人的工作日程就是在不停地挖墓葬。但其实考古学家的发掘对象远不止墓葬这一种形式，用专业术语来说，考古的发掘对象是“古代的遗迹和遗物”，只要是埋在地下的一切与人类活动有关的东西，考古学都可以研究。

窖藏就是其中一种遗迹，按照字面的理解，就是储藏东西的地窖。过去北方家家户户都有一个菜窖，冬天用来储存蔬菜。而考古学意义上的窖藏，一般指的是一种特殊的遗物废弃方式。有的窖藏是因为战乱、局势动荡等原因，临时把一批遗物集中地埋在地下，但后来因为种种原因没有再取出了；而有的窖藏是因为举行了某种祭祀或者礼仪活动而集中留下了一批遗物。

无论哪一种形式，窖藏中的文物都是集中处理、统一埋葬的，所以一般来说这些文物的数量都特别丰富。它不像墓葬一样有明确的地层信息，所以我们一般通过一些辅助手段来确定窖藏中的文物的年代。最直接的，就是发现文物上的一些文字信息。比如龙兴寺佛教造像窖藏中的北魏永安二年（529 年）韩小华造石雕弥勒像。在造像碑的左边侧面，明确地刻着四行发愿文："永安二年二月四日清信女韩小华敬造弥勒像一躯为亡夫乐丑儿与亡息祐兴回奴等后己身并息阿虎愿使过度恶世后生生尊贵世世侍佛"。

如果没有明确的文字信息，那么我们可以用器物类型学的方式来进行横向类比。类型学的研究是传统考古学的两大基础之一，它借用的是生物学中对生物分类的原理，将器物按照材料、形状或者装饰纹样的特点进行分类，从而得出不同风格的先后演变序列。同一个时代的器物，都有着相似的个性，所以如果可以在另外一个有明确年代信息的遗址中找到窖藏中同类型的器物，那么我们就能够大致判断窖藏的年代。

跟墓葬比起来，窖藏发现的数量要少得多。但每一个窖藏，都是令人兴奋的发现。

我们举几个比较有名的例子。四川遂宁有个地方叫金鱼村，1991 年的时候发现了一个特大的宋瓷窖藏，里面出土了瓷器 985 件、铜器 18 件、青石雕琮式瓶 2 件，一共 1005 件文物，这应该是迄今为止国内发现的最大的瓷器窖藏。能收藏这么多的瓷器，它们的主人必定是个爱瓷成痴的收藏家，估计搁到现在，也是个刘益谦级别的古董大佬。学者们在其中一件出土的青铜器上发现了“凰翔楼钱鑫”的铭文，“钱鑫”指的就是钱庄，而“凰翔楼”就是钱庄的店号，所以学者们推测，这位凰翔楼钱庄主人很有可能就是这批窖藏的拥有者。

但是很奇怪，这位爱瓷的钱庄主人应该十分爱护他的藏品才对，可是在发掘过程中，我们发现这批窖藏埋藏得十分草率，它们被直接挖坑掩埋在土中，没有事先建造砖砌或者石砌的窖穴，地点似乎也是临时找的，显得十分匆忙。所以可以肯定，当时一定是发生了某种突发情况，导致钱庄主人来不及思考，才匆匆将他的宝贝埋葬的。

那么究竟是什么原因呢？根据宋史的记载，端平三年，也就是公元 1236 年的时候，蒙古帝国军队大举入侵蜀地，攻陷了成都、利州、潼川三路，二十余府州相继陷落，遂宁城也毁在了这次战乱之中。所以很有可能，当时的钱庄主人就是为了躲避战乱，才匆匆把毕生收藏埋了的。

更有意思的是，如果我们统计一下四川前前后后发现的窖藏，大约有六七十个，这些窖藏埋藏的时间都集中在南宋末期，而且埋藏的深度都很浅。这说明了南宋末年的那一场战乱，确实造就了很多悲剧。

我们再来看一个青铜器的窖藏。陕西宝鸡是中国青铜器出土最多的地方，被誉为“青铜器之乡”。2003 年，眉县的几个农民在地里干活的时候，一不小心一锄头下去刨出了一个洞，里头摆满了青铜器。后来经过考古队的抢救性发掘，一共出土了 27 件青铜器，并且这些青铜器分量都挺足，6 件大鼎重量都在 40 斤以上，其中两件各约 90 斤，铜盂约 70 斤，还有一对铜壶各重约 50 斤。更为重要的是，这 27 件青铜器中，有 24 件都刻有铭文，比例之高令人咋舌。要知道，在没有历史文献记录的商周时期，铜器上的铭文可是了解历史最直接、最有力的证据。其中有一件四足附耳盘非常著名，上面刻了 372 个字，记录了 12 个周王的年号，妥妥的国宝。要知道赫赫有名的史墙盘也才刻了 284 个字，记录了 6 个周天子的年号而已。

除了这些窖藏遗址以外，考古学上比较有名的还有西安何家村的金银器窖藏、盱眙南窑庄的金器窖藏等。

● 龙兴寺窖藏埋葬之谜

咱们回到龙兴寺窖藏。在了解了窖藏这一特殊的遗址后，我想很多人都会关心一个问题，这么一大批精美的佛造像，是在什么时候被埋的，又是为什么被埋呢？这个问题，也是考古学界非常关心的。

在清理窖藏的过程中，除了佛像的出土外，发掘者还陆陆续续发现了一些铜币，这些铜币有的散落在缝隙中，有的散布在造像的顶部，而且种类多样，最早的有汉代的五铢钱，还有唐代的开元通宝，最晚的是宋徽宗时期的崇宁通宝。

在中国的货币史上，宋朝是发行货币最多的朝代，它不仅数量大、种类多，而且版本特别庞杂。因为宋代的年号更换频繁，而几乎每个年号，每个皇帝上位，都会发行自己的年号钱。比如说宋徽宗赵佶，从他 1101 年登基到 1125 年被金人掳走，在位一共 24 年，总共改了 6 个年号。其中“崇宁”是他的第二个年号，一共使用了 5 年，这期间宋徽宗铸造了“崇宁通宝”和“崇宁重宝”两种钱币。在这之后，宋徽宗又改了大观、政和、重和、宣和四个年号，并铸有“大观通宝”“政和通宝”“宣和通宝”等几种钱币。但是在龙兴寺的窖藏内，我们只发现了“崇宁通宝”，并没有发现“崇宁重宝”，更没有之后的其他纪年的钱币了。

这意味着，龙兴寺这批佛造像的埋藏时间，不会早于宋徽宗的崇宁年间。在那个时间段，一定发生了一些重要的事情，足以影响到佛教在中国的发展。

我们现在都知道佛教是我国的第一大宗教，全国各地佛教寺庙的香火都很旺盛。但是佛教传入中国以后的发展之路，并不是那么一帆风顺，也是经过了起起伏伏，才最终与儒家、道家融合在一起，成为中国传统文化的一部分。这其中，有四次比较大的“灭佛事件”，这就是历史学家口中常说的“三武一宗灭佛”。什么意思呢？这其实分别代表四个皇帝，北魏太武帝拓跋焘、北周武帝宇文邕、唐武宗李炎和周世宗柴荣，因为前三位皇帝的谥号或庙号后边带有一个“武”字，最后一个皇帝带有一个“宗”字，所以就统称为“三武一宗”。

“三武一宗”灭佛造成的影响，在考古学上也能够找到一些迹象。20 世纪 70 年代，在山东省无棣县的水湾公社，村民在村东南坑塘边取土的时候发现了 7 件北齐石造像，其中 4 件有确切的纪年，分别是在北齐的天保和天统年间。这批佛像出土时叠放整齐，显然是有意埋藏的，而埋藏的原因，发掘者认为与北周武帝的灭佛运动有关。1976 年，山东博兴县发现了一批残破佛像，其中有些造像带有明确的纪年，分别是东魏和北齐年间。同样的，这批造像“出土时整齐地排放在土坑内”，发掘者认为这些造像可能是在北周攻灭北齐时被毁并埋入地下的。

所以你看，在山东地区，发生一些意外事件后佛教徒把造像埋入地下这件事情已经有了很多先例。那么龙兴寺这批佛造像被埋入地下，是不是也出于类似的原因呢？我们来看看宋徽宗年间中国到底发生了什么。

说起来这宋徽宗也是个神奇的皇帝，他的很多事迹都为人熟知，比如他极具艺术天赋，画画得特别好，还创立了瘦金体；比如他是个昏君，把大宋王朝弄得分崩离析，最后还被金人掳去，发生了历史上最著名的“靖康之耻”。但恐怕很多人都不知道，宋徽宗还是个极其推崇道教的皇帝，他在国家财政资金匮乏的情况下，还大兴土木，兴建道观，甚至建立道箓院，自封“教主道君皇帝”，一手将道教推上了兴盛的极点。

宋徽宗崇信道教是有原因的。原来，宋徽宗赵佶和他的上一任哲宗皇帝是同父异母的兄弟。当年哲宗皇帝驾崩时，没有子嗣，大臣章惇提议：“以礼律则同母子弟简王当立。”但是皇太后坚持当时还是端王的赵佶当立。后来在皇太后的主持下，赵佶当上了皇帝。因为这样一个变故，赵佶一当上皇帝，首先想到的就是自己的继承人问题，为了防患于未然，他想多生些儿子。于是便向茅山道士刘混康求助。刘混康说：“京城西北隅地协堪舆形势，加以少高，当有多男之祥。”宋徽宗照做之后，果然“后宫生子渐多”，所以愈发笃信道教了。

再后来，宋徽宗又开始宠信一个叫林灵素的道士。这个林灵素也不是什么正经人物，根据《宋史 · 方技传》的记载，他本来是个僧人，但是因为受不了师父的打骂，半路又改当了道士。当了道士之后，到庙里去乞食，又受到僧人的欺负，所以就十分仇视佛教，发誓一定要报复回来。

在得到了宋徽宗的信任后，林灵素的复仇计划就开始了。他先是利用宋徽宗，将道教提高到了国教的地位，然后将自己封为了“通真达灵元妙先生”，连他的家乡温州也升为了应道军节度。真可谓是“一人得道，鸡犬升天”。接着，他便“始欲尽废释氏以逞前憾，既而改其名称冠服”，“僧为德士，易服饰，称姓氏，寺为宫，院为观”。在一系列尊崇道教的政策的推动下，寺院变成了宫观，和尚变成了道士，佛规也成了道规，甚至连佛教供奉的释迦牟尼也改叫大觉金仙，菩萨则一律称为仙人。

在这样的政治高压之下，各地的佛教寺院里都变得人心惶惶。所以很有可能正是在这一时期，青州龙兴寺的僧人们不忍心看着自己崇拜的佛像被破坏、玷污，所以选择了在寺院大殿的后面挖一个大坑，把寺院收藏的佛像都埋了进去。

● 佛造像的贴金彩绘之谜

最后，我们再回到佛造像本身，来聊一个有意思的问题。相信很多人都去西安看过秦始皇陵的兵马俑坑。我们现在看到的兵马俑，都是灰秃秃的泥土的颜色，但是很少人知道兵马俑其实是有颜色的。在刚发掘的时候，兵马俑的表面其实是有颜色的，但是因为埋在土里的时间太久，一遇到空气，没几分钟颜色就氧化了，变成了我们现在看到的样子。

与兵马俑类似，我们现在看到的南北朝时期佛造像，包括一些石窟里开凿的佛造像，因为长期暴露在空气中，历经岁月风霜，外表的颜色早已褪去。所以以往学界针对南北朝佛像的颜色分为了两个不同的阵营，一些人认为古人以不敷色的石雕为美，另一些人则认为，南北朝时期的佛造像，材质虽然有泥塑、石材和金属之分，但是它们的造型特征和时代风格应该是一致的。因为佛像是为了给信徒们礼拜供养，所以外观一定要遵从当时宗教仪轨的统一规定。因此无论是什么材质的造像，外表一定要敷涂彩色，这样看上去就没有什么区别了。这样的解释显得非常有道理，但一直没有实物证据的支持。直到青州龙兴寺佛教造像窖藏的出土，完美地支持了“南北朝佛造像彩绘贴金”这一观点。著名的考古学家、社科院考古所研究员杨泓老师，在一次座谈会上就感叹：“有许多先生谈到汉白玉的佛像，洁白得怎么样、怎么样，表现了当时的审美观点。我说不是，那个东西它是有颜色的。当时，他们就要我举个实际的例子，那时我还真举不出来。现在，龙兴寺的造像出来之后，这个问题就很清楚了。”

龙兴寺出土的400余尊佛造像，超过90%保留了贴金彩绘工艺，彩绘的颜色也十分多样，有朱砂、宝蓝、孔雀绿、黑色、白色等，都是一些天然矿物质颜料。贴金部分主要是佛像皮肤裸露的部分。除此之外，菩萨像、供养人像、飞天、火焰纹、龙体、莲花灯也有部分装饰件贴金。这些贴金彩绘的造像色彩浓丽鲜艳，闪闪发光。可以想见，当时供奉在龙兴寺中的这批佛像是何等的法相庄严。伟大的艺术品穿越漫长岁月，仍然闪耀着夺目的光辉，不得不说是个伟大的奇迹。

考古专题

如何找到一个考古遗址？

如同厨师做菜必须得有食材一样，考古学所有的研究工作是建立在遗址发掘这个基础之上的。所以对于考古学家来说，如何准确、高效地发现遗址，是件很重要的事情。但是纵观这些年的考古发掘工作，大部分都是一些抢救性发掘。一些城市的基础设施建设发展很快，建高楼、造地铁，一不小心就会挖出文物或者墓葬，考古队就被迫前去“救火”；又或者是某个古代墓葬因为盗墓贼的光顾而暴露在视线之下，不得已而为之，考古队只能接着盗墓贼的工作，去发掘些“别人捡剩下的”。这两类新闻往往特别多，时间久了就在大众心目中产生了一种刻板印象：考古学家净做些事后收尾的工作，这发现遗址的技能和本领，还不如盗墓贼厉害呢。

事实果真是这样吗？

我们先来解释一下大众为什么会有这样的认知。在考古学中，考古发掘一般分为两种，一种是上面说的抢救性发掘，另一种就是与之相对的主动性发掘。顾名思义，主动性发掘主要是为了解决某些重要的考古学问题而进行的，比如在夏商周断代工程中，为了解决年代问题而进行的某些发掘就是主动性发掘。这一类发掘往往进行得比较少，为什么会形成这样的局面呢？一方面，以现在的科学技术水平，还不能保证所有出土的文物都能够得到完好的保护，一个惨痛的例子就是20世纪定陵遗址的发掘，由于当时科技水平的限制，很多文物都受到了二次破坏。所以本着“把财富留给后代”的理念，还不如将这些珍贵的文物继续埋在地下，留待后人去研究呢。另一方面，这几年城市的基础设施建设开展得如火如荼，因施工而暴露出的考古遗址数不胜数，而全中国的考古工作者就那么点，抢救性发掘都来不及进行，更何况需要花更大精力去研究的主动性发掘呢？

所以，这并不代表着考古工作者的专业技能不过关。事实上，经过几次全国性的文物普查，一些主要的地下墓葬的大致情况，比如说方位、面积大小等，考古工作者们基本上已经门儿清了。下面我们就来介绍一下在考古学上是如何发现遗址的。

·地面勘查·

其实考古学上发现遗址的方法很简单，归根结底就是两个字：勘查。通过对某一特定区域的勘查行为，就能很容易确定遗址的位置。这其中，地面勘查是非常常见的方法，一些遗址本来就有地面建筑，经历岁月的磨砺仍然有一部分暴露在地表或者剖面上，比如说秦始皇陵的封土之类的。还有一些遗址处在地表之下，但是一些人类活动，比如农耕、水渠灌溉等，或者是土壤流失、鼠类活动等自然因素，导致一些遗存、遗物被带到了地表，我们就可以收集这些遗物，作为判断遗址的重要证据。

现在我们来模拟一下具体的工作场景。假设我们事先圈定了一个边长为一百米的正方形潜在遗址区，我们需要10个人一字排开，彼此相隔约10米，然后每个人沿着既定的直线向前走，同时每走十步，就记录下这个区间内看到的所有遗物数量，小到一块碎陶片，一块被加工过的石片，或者是其他的石制品。等走完了整个潜在遗址区，再将这些数字全部记录在笔记本上，你就会发现，当进入遗址所在的地表之后，记录的遗物数量会大大增加，而在遗址的边缘地带，遗物的数量则显得稀稀落落、参差不齐。通过这样一种方式，我们可以很直观地看到一个遗址的大致方位以及它的边界。

这样的方式简单、直接，并且不需要太多的技术含量，但它有个致命的缺陷，所有的数据来自人为的踏查，如果勘查区是个植被茂盛的森林区，或者地形特别复杂，勘探的难度就会大大增加。我想任何一个考古工作者都不想在勘探过程中，走着走着就要穿过一片密林，或是跨过一个悬崖吧？还有一点，我们赖以判断的依据是那些遗留于地表的文物，像陶器、石器这种因为足够坚硬，所以足以抵抗自然界的侵蚀而留存下来。但是如果这一片区域的古人更热衷于使用木制品或者是纤维制品呢？这一部分信息，是很难被我们捕捉到的。

所以，我们还需要其他的方法。

·航拍勘探·

接下来我们介绍一种“高大上”的勘探方式：航拍。现在用无人机玩摄影、拍视频的人很多，但是大家可能不太了解航拍也可以用于考古学勘探。这基于一个很重要的原理，我们古代的人类活动遗迹全部都是人工建成的，即使这些地面建筑已经被夷为平地，但是房屋基址、墓葬这些埋入地下的建筑，往往是用石头或者是夯土建造的，这就在一定程度上改变了土壤的构造，在这样的土壤环境下生长出来的植物，由于土壤缺乏水分和营养物，长势就不如正常环境下的植被，显得低矮枯黄。但是周围没有人工扰动的土壤就不一样了，他们因为水分充沛、腐殖质丰富，长势就会好很多。这样的一种差异，如果我们是在地面上观看，不太容易发现，但是如果转换一下视角，从高空来俯瞰呢？是不是就一目了然了？

这其实就是视角的变化，航空摄影考古的创始人克劳福特曾经打过这样一个比喻："猫站在一块波斯地毯上，眼睛距离地毯很近，视域范围狭小，因此从猫的观察角度只能看到地毯上面一些不可思议的线条和色斑。而人站在地毯上面，眼睛位置高了，视角到了，因此人能够看到那些线条和色斑组成的花纹。"

在一些特殊的天气状况下，一些原本隐藏在地底的秘密，通过航拍的"放大"，可以很明显地被捕捉到。比如在一些比较干旱的地方，由于地下水位较低，一场大雨之后，遗迹地表和普通地表的泥土中雨水的蒸发速率不同，在很短的一段时间内，两者在视觉上会呈现出很大程度的差异。一般来说，航拍勘探会选择在旭日东升的清晨或者是夕阳西下的傍晚进行，这个时候太阳斜射，地面的阴影标志明显，甚至能够看出埋在土里的墙的影子。比如，我们对新疆高昌古城的黑白航空影像进行分析后发现，古城的城墙、马面、城门以及城内残存的建筑都有清晰的阴影，黑白分明。

相比于传统的勘探方式，航拍有着多种优势，精确度更高，覆盖范围更广，而且对遗址的勘探是无损的，这样一种科技手段应用到考古学领域中，带来的变革是剧烈的。当时元上都遗址进行了一次考古航空勘察，在元上都考古队工作了接近7年的魏坚先生经历了之后不禁感叹，在空中不到半个小时的勘察所得到的认识，超过了他在地面工作近7年的认识的总和。考古学也正是在不断地对其他学科、技术进行吸收的过程中，逐渐发挥着越来越大的作用。

九

日本上高森遗址

考古是研究人类历史的重要手段之一，有时候它比通过文字记载的史书要更加令人信服。毕竟考古发掘出土的物品是第一手资料，是亲眼所见，而文字记载是第二手资料，是亲耳所闻。所以考古也有着“证史”“补史”的作用，从考古中得出的结论可以补充史书中的缺失部分，也可以驳倒史书中的记载，甚至完全改写历史书的编写。

举个例子，说起我国历史上有名的军事家，我想大多数人脑子里蹦出来的是孙武和孙膑这两位人物。孙武我们很熟悉，春秋末期齐国乐安人，有《孙子兵法》传世。而孙膑呢，除了史书中的记载，说他“孙武既死，后百余岁有孙膑”以外，我们没有看到和发现过孙膑的任何著作。换句话说，孙膑是完全活在史书中的人。久而久之，史学界就产生了这样一种观点，认为孙膑和孙武可能就是同一个人，甚至所谓的《孙膑兵法》和《孙子兵法》就是同一本书。

这一长期悬而未决的争论，直到 1972 年银雀山汉墓的发掘才得到解决。银雀山汉墓位于山东省临沂市银雀山西南麓，以西汉的墓葬为主。墓葬同时出土了《孙子兵法》和《孙膑兵法》，从而证实了《史记 · 孙武吴起列传》有关孙武仕吴，孙膑仕齐，各有兵法传世的记载。

不过话又说回来，亲眼所见的东西一定就是真的吗？那也未必，考古也有可能被人为地造假。

这一章我就给大家介绍一起世界考古史上鼎鼎有名的学术造假事件：日本藤村新一旧石器时代考古造假事件。

好了，我们还是先回到当时的“考古现场”吧。不过，这一次的“考古现场”，是带引号的……

● 围观考古现场：令人瞠目结舌的造假

日本的宫城县位于本州岛的北部，东临太平洋，距离东京 300 公里左右，它的县都仙台市，就是一百年前鲁迅先生曾经学习生活过的地方。位于宫城县筑馆町的上高森遗址，在日本可以说是家喻户晓，其地位相当于“北京人”遗址在中国考古学界的地位。1992 年，这里首次发现了石器。1993 年，发掘工作正式展开，当年就发现了距今 40 万年的旧石器时代早期的石器。到了 2000 年，上高森遗址又发现了距今 70 万年前的石器，刷新了日本旧石器年代的最早记录。这些接二连三的新发现，使日本的史前史年代一下子比肩中国和韩国，使用这些石器的古人类也被堂而皇之地称为“亚洲最北端的直立人”。

不过这一切荣耀，只是虚假的泡沫而已。后来的一系列事件表明，这处闻名日本的旧石器时代前期遗址，全都是被人一手伪造出来的。

2000 年 10 月 22 日清晨，天还是黑的，一个身影出现在了日本宫城县上高森遗址的考古工地上。他警惕地环顾了一下四周，确认周围没人之后，悄悄地靠近到前不久刚刚揭示出的距今 60 万年的地层 3 米以下的探方工作面上。接着，他从上衣口袋中掏出了一把小铲和一袋装满石器的袋子。用小铲在地表挖出了一个小土坑后，他小心翼翼地把几件带来的石器埋了进去，然后将土坑填平，并用脚踩平地面。接着，他又换了几个相似的地点，并重复了一样的动作。大约十几分钟后，黑影消失在了考古现场。

此人就是日本著名的考古学家、日本东北旧石器文化研究所副理事长，同时也是上高森遗址的发掘团团长，藤村新一。

此时的藤村新一，一定在沾沾自喜，这些刚刚被他埋入土里的石器，又将会是一次重大的“考古发现”，在日本的考古学界和社交媒体上，这肯定会掀起新一轮的讨论热潮。到时候等待他的，将是巨大的荣誉。

但他怎么也没想到，这一幕，被《每日新闻》的记者偷偷安置在现场的监视器拍个正着。

11 月 4 日，《每日新闻》的记者假意将就最新的考古发现对藤村新一进行个人专访，邀请他到了事先安排好的旅店内，并请他看了 22 日清晨的那段录像。

“你究竟干了什么，能给我们解释一下吗？”记者凌厉地问道。

藤村一言不发，只是呆呆地盯着地板。

过了许久，他终于开口：“不是所有的遗址都是这样。”

11 月 5 日，《每日新闻》在头版头条位置刊登了这则新闻，揭露了藤村新一的造假过程。接下来，事态的发展超出了所有人的意料。根据藤村新一自己递交的 1981 年以来从事造假活动的遗址名单，涉及的造假遗址居然达到了 42 处。这些遗址包括了当时日本最有名的一些旧石器时代考古遗址，例如宫城县座散乱木遗址、马云坛 A 遗址等。要知道，这些遗址都早已被写进了历史教科书，变成了家喻户晓的常识了啊……

这次造假事件给日本的考古学界造成了巨大的损失。藤村新一被考古学界除名事小，更重要的是，整个日本的旧石器考古进入了最难挨的寒冬，其研究状况至少倒退了 30 年。当时的日本考古学协会会长甘粕健就说，此次造假事件“辜负了国民的信任”，是摧毁日本考古学基础的“前所未有的行为”。

● 藤村新一

讲到这里，你一定会好奇，这藤村新一究竟是何方神圣，他究竟是如何造假的?

其实，藤村新一并不是一名专业的考古学家。1972 年，在宫城县古川市举办的考古展览让他对旧石器文化产生了浓厚的兴趣，从此疯狂爱上了考古。后来，在机缘巧合下，藤村新一以考古爱好者的身份开始参与考古发掘工作。到了 1999 年，年近 50 岁的他正式辞去了在一家量具工厂的职务，专门以考古发掘为业。

在 20 多年的发掘生涯中，藤村的发掘成果显著，可以说是像开了挂一般。

1981 年，藤村在宫城县的座散乱木遗址“发现”了 4 万年前的石器，这比当时已知日本最早的石器还要早一万年，刷新了当时日本旧石器文化年代的最早记录。

1984 年，藤村又在宫城县马场坛 A 遗址的约 17 万年前的地层中“发现”了石器，最终“确定”了日本的前期旧石器文化的存在。

更加令人大跌眼镜的事情来了。山形县尾花泽市的袖原 3 号遗址和宫城县色麻町的中岛山遗址是两座相距 30 公里的旧石器时代遗址。它们有几个共同点，首先它们都由藤村介入发掘，其次在 1997 年的时候，两个遗址都发现了约 10 万年前的旧石器。神奇的是，两处遗址出土的石器竟然能够完美地拼合起来，这说明两件断裂的石器可能来自同一块石材。但是，日本学术界对于这一发现竟然没有丝毫质疑，反而被认定为“世界上最古老的可缀合石器”。

藤村的名气越来越大，还出现了非常多的“神迹”。比如说在一个考古遗址中，面对一个区域，所有的工作人员挖了一天也一无所获。正在这个时候，整个下午都没露面的藤村带着电视采访组来到了现场，不到 5 分钟就发现了石器，在场的人惊叹不已，纷纷称藤村为“上帝之手”。

这听着，真是越来越荒唐了，但神奇的是，当时整个日本考古学界除了极少数的学者持怀疑态度外，大部分人在很长一段时间内都没能识破藤村的造假诡计。

会不会是因为藤村的造假手段太高明了，以至于蒙骗了大多数的专家？

说这话，真的是抬举藤村了。前面我们也讲了藤村造假被揭穿的过程，平心而论，手段并不高明，知道真相的我们甚至会发出疑问："就这？"不过，细细分析的话，我们还是能够发现，整个造假利用的是考古学的一些基本原理，也就是对文物年代的判定。藤村只有让自己收集的假石器看起来有几万年、甚至几十万年的历史，整个链路才行得通。

前面我们讲过，考古学中主要有两种确定年代的方法：相对年代和绝对年代。一般来说，在没有经受扰动的情况下，地层中遗物的年代应该是与地层的年代一致的。藤村偷埋石器的方法主要有两种：一种是在相应的地层中挖一个坑穴，再埋入石器；另一种是在遗址的较大范围内分散地埋入石器。等到石器"出土"后，藤村会请专家来测定地层的年代，而地层的年代一旦确定，石器的年代也就随之确定了。

所谓"熟悉的地方没有风景"，过去日本学术界之所以相信了藤村的发掘成果，就是因为这些石器"出土"于古老的地层。

● 为什么是记者揭露了造假？

不过细细一想，上面说的这套理论其实经不起推敲，甚至可以说是漏洞百出。地层可以确定年代是没错，但你好歹交叉验证一下啊？最起码的类型学分析，对石器的形态和加工技术进行研究总归有吧？我国知名的考古学家卫奇先生在赴日本考察上高森遗址的时候就发现了，不少的石器标本都带有铁锈的擦痕，我们都知道，铁器是很晚才出现的，在旧石器时代是绝对不可能出现的。这就相当于200年前的清朝人用上了电脑。然而这些疑问，都被日本考古学家们有意或无意地忽视了。

是日本考古学界不严谨吗？还是说有意为之？

问题比较复杂，这其实涉及当时日本学界的研究倾向。当时学界有两个主流的观点。一个是所谓的“层位优先于型式”，就是指在判断早中期旧石器的年代时，应当优先考虑出土物所在地层的年代，而不是对石器本身的类型学进行研究。它的提出者是当时旧石器考古的泰斗型人物、日本东北大学教授芹泽长介。有意思的是，芹泽正是藤村的恩师，多年以来藤村一直受到芹泽的鼓励和支持。

这个观点乍一听有点不可思议，但其实是符合当时日本的现状的。日本是个岛国，处于环太平洋地震带上，所以多酸性火山灰土壤。这一特殊的土壤状况使除了石器以外的文物很难保存下来，这一定程度上加大了类型学研究的难度。再加上日本旧石器考古开展的时间较短，关于旧石器类型学的研究还不够成熟，除了少数专家外，一般发掘者是很难了解复杂的石器加工技术的。所以，用“层位优先于型式”的观点来判断石器的年代成了一条捷径。

另一个主流观点，是认为当时的日本旧石器时代已经拥有先进的加工技术，比较典型的是关于磨制石器的例子。在世界范围内，我们普遍认为磨制石器是在旧石器时代末期向新石器时代过渡的过程中才开始出现的，而日本学界则认为日本的旧石器文化中存在着磨制石器。这一观点很容易给人造成误解，既然日本的旧石器时代能够出现磨制石器，那为什么不能够出现其他高级的加工方式?

藤村正是利用了这两种观点，形成专家的“视野盲区”，从而达到自己的目的。专业的考古学家囿于自己的认知久久无法突破，去揭穿这身“皇帝的新衣”的，就只能是媒体记者了。

● 民族中心主义影响下的考古学

不过在我看来，这原因往深了说，完全是日本的民族中心主义在作祟。长期以来，日本的考古学界一直存在着一种政治压力，强调崇拜天皇的神圣地位，以增强民族团结，使得他们无法发掘和研究某些特定历史阶段，以及与皇室有关的遗址与墓葬。考古学家们必须非常小心，避免他们的解释有悖于官方对日本古代史的说法。

这一政治压力，在20世纪50年代后更为强势。日本战败后，民族自尊心亟需重建，这个时候，考古学成了军国主义垮台后填补意识形态真空的最好手段。毕竟对于大部分民众来说，新的考古发现可以帮助追溯自己民族的光荣历史，重拾民族自尊心，从而增强社会凝聚力。所以，考古学家们就想拼命地将本国的历史往前推到绳纹时代之前和旧石器时代。

可事实呢？在藤村之前，日本的史前史可考的只有3.5万年。与之相比，中国有距今约50万年左右的“北京人”及其文化，有距今约100万年的小长梁遗址，还有距今约180万年的西侯度遗址。朝鲜半岛的旧石器时代遗址发现的虽没有中国多，但也有一些重要的遗址，如朝鲜平壤市祥原郡的黑隅里遗址，年代距今约60-40万年。和整个东亚历史相比，日本的史前史简直不值一提。或许，正是在这种“为日本历史正名”的狭隘的民族自尊心的影响下，藤村才一而再、再而三地去“冲击”那旧石器时代的时间上限。而他的那些日本同行，也因为民族自尊心的影响，更倾向于选择相信藤村的说法，希望日本拥有和世界其他文明古国一样悠久的历史，才不自觉地忽略了其中的一些疑点。

事实上，藤村的造假事件并不是孤例。“历史是任人打扮的小姑娘”，考古学也一样，它从来就不是待在象牙塔中的，而是不断地受到政治、社会的影响，从而不可避免地走了些歪路。在本章的最后，我们再介绍一个同样受到民族中心主义影响、号称二十世纪最大考古骗局的学术造假事件：皮尔当人事件。

20 世纪初，达尔文的进化论观点已经被人们广泛接受，根据进化论，人是从古猿进化而来的。而人与猿在身体上主要有两个区别：脑容量和直立行走。可是，当时已经发现的一些古人类化石，如爪哇人、尼安德特人等，它们都显示出了落后的大脑和进步的躯干这些特征。用现在的眼光来看，这些古人类都是些“头脑简单、四肢发达”的形象，身为“高贵”的人类，我们自然很难接受自己的祖先居然如此蠢笨。所以，当时的学术界普遍相信大脑应该先进化出来，与猿类分化开后，再进化出四肢，而不是与之相反。但这一理论，苦于迟迟没有实物证据的支持。

另一方面，20 世纪初也是全世界古人类化石的大发现时代，德国发现了大名鼎鼎的尼安德特人化石，法国发现了克罗马农人化石，而作为“欧洲三巨头”之一的英国，在这方面却迟迟没有进展，这极大地刺激了英国民众的自尊心。

在这种背景下，“皮尔当人”应运而生。

1912 年 2 月的一天，大英自然历史博物馆地质部主管史密斯·伍德沃德的办公室桌上，多了几块人类的颅骨碎片，这是他的律师朋友，同时也是一名业余古生物学爱好者查尔斯·道森带来的。据道森说，这是 1908 年一些工人在一个叫皮尔当的地方挖掘时发现的。因为工人们没有留心，颅骨被不小心敲碎了。后来，这些碎片辗转到了道森的手中。

到了 1912 年 6 月 2 日，伍德沃德、道森和法国耶稣会教士德日进一起来到了皮尔当。德日进这个人我们可能很陌生，但他与中国的旧石器考古却有着千丝万缕的联系，正是因为他的参与，才有了“北京人”头盖骨的发现。

在现场，他们又发现了一个人类的下颚骨和两颗臼齿。之后，他们在 12 月 18 日伦敦地质学会的会议上公布了这个重大发现。伍德沃德依据与颅骨一起出土的古生物化石的年代判定，这是更新世时期的化石，距今大约 50 万年。为了纪念第一位发现者，他将其命名为“道森曙人”。

伍德沃德是当时的学术界权威，说出的话自然十分具有说服力。更何况，这个颅骨实在是太完美了，除了下颚骨和臼齿很像猿之外，其他都与现代人很像，表明这是一个半猿半人的过渡型化石，完美弥补了从猿到人进化的缺环。

消息公布之后，英国民众直接炸开了锅，民族主义情绪瞬间被点燃：作为世界上最伟大的国家，英国成为人类的发源地是当之无愧的！

此后，人们又在皮尔当地区陆陆续续发现了其他的化石。1913 年夏天，德日进在同一个砾石层发现了一颗犬齿化石，刚好可以和前面发现的下颚骨化石配套。这听着，是不是有点熟悉的感觉？

1915 年，道森在距离原发现点两英里处，发现了两块颅骨碎片，被判定为属于另一个皮尔当人。1916 年，道森病故。可是令人疑惑的是，在他死后，很多古生物学家继续在皮尔当发掘，却再也没有发现任何化石了。

我们再将目光放至世界，前面说过，尼安德特人、克罗马农人等古人类的发现，暗示了人类的进化可能是四肢早于大脑的。20 世纪 20 年代以后，越来越多的古人类化石被发现，尤其是“北京人”和南方古猿化石的发现，进一步证实了这一现象：直立行走的进化比大脑的进化要早，而且猿人的下颚与人相近，而脑容量则比人要小。

“皮尔当人”开始显得格格不入。但苦于没有证据，再加上当事人已经离世，所谓“死无对证”，也不太容易证伪。直到40多年后，随着科学技术的发展，古生物学家掌握了更为精确的年代鉴别技术。其中一种，就是利用骨化石中的含氟量来断代。原理非常简单，骨骼埋入地下后，地下水中的氟会侵入骨骼，使骨骼中的无机磷化合物——羟基磷灰石变为氟磷灰石。由于这一过程是不可逆的，所以骨骼中的含氟量越高，表示埋在地下的时间就越长。那么，我们只要测试骨骼中的含氟量，就可以大致知道其年代了。

1952年，牛津大学古人类学教授K.P.奥克利用这个方法对皮尔当人的下颚骨进行测定，结果发现年代大概只有5万年，很显然，作为猿人过渡型化石，这年代也太短了些。后来，奥克利又采用了同位素技术、化学方法、X射线、显微技术等多种方法，交叉实验，最终证明了它是一个拼接物：头颅，是一个大约500年前的中世纪古人的，下颌骨，是现代猩猩的，而臼齿，是黑猩猩的。为了显得年代久远，它们还用铁溶液与铬酸浸泡过。

一场欺骗了学术界将近半个世纪的惊世谎言，最终浮出水面。

十

奥茨冰人

在本章开始之前，想问大家一个问题：在你生命即将走到尽头的时候，你最想做的一件事是什么？

回答我早已经想好，在行将就木的时候，我希望自己不要火葬，穿一身合身的衣服，埋在一个舒适的地方，身边放一些日常使用过的物品，我用了多年的相机，戴了很多年的结婚戒指，最好还有一个密封保存的盒子，里面放着我和最爱的人的照片、我的日记本、我写过的稿子等。千百年后，等后世的考古学家来发现我，他们或许能够从我随身携带的物品中，还原出我那稍显平淡的一生。但这一生，却会因为考古学家的解读，注定在历史的长河中留下痕迹。

其实，像我那样精心准备的“身后”空间，含有丰富信息的文化遗存，被考古学家赋予了一个颇为浪漫的称呼：时间胶囊（Time Capsule）。在这个胶囊里，时间是被浓缩的，一旦被打开，就会释放出极大的能量。从某种意义上来说，闻名遐迩的庞贝古城就是一个“时间胶囊”。公元 79 年，意大利南部那不勒斯附近的维苏威火山突然爆发，瞬间掩埋了庞贝古城，那里的一切，房屋、居民、牲畜，乃至时间，仿佛定格在了灾难发生的那一刻，也为后世的我们，完整保存了当时的生活方式。

这一章我们要聊的遗址现场，也是一个“时间胶囊”，它没有庞贝古城那么庞大，但却足够有趣。

● 围观考古现场：穿越 5000 年的冰人

故事发生在 1991 年 9 月。一个阳光明媚的午后。赫尔穆特 · 西蒙（Helmut Simon）和他的妻子埃里卡（Erika）两人都是登山爱好者，此刻他们正在攀登奥地利与意大利边境上的阿尔卑斯山。

阿尔卑斯山我们都知道，是世界著名的登山圣地，无数的户外爱好者都想要征服它。夫妻俩已经爬到了海拔 3210 米的 Tisenjoch 山脊附近，周围人迹罕至，前进的道路变得愈发艰难。就在这时，西蒙突然发现前面山谷的河床下面有一团黄色的不明物体若隐若现。好奇心驱使着他慢慢向前走去，等到他看清楚之后，便惊恐地喊了起来："是个人！是个死人！"

只见一具尸体面部朝下，赤身裸体地，趴在冰块里一动不动。看着因为冰雪融解而露出的茶褐色头后部和肩部，西蒙夫妇以为这只不过是一具几年前的登山遇难者的遗体罢了。毕竟每一年，都会有数十名登山者在阿尔卑斯山丧命，他们有的因为雪盖开裂，掉进十几米深的裂缝而死亡，有的则因为失足从山上滑落而丧生。这一具尸体，或许就是其中某一位可怜的人。

西蒙夫妇仔细地查看了一下尸体，发现尸体早已萎缩得不像样，如同一具干尸一般了。看来，这具尸体死了有很长时间了。但让他们疑惑的是，这位遇难者浑身赤裸，既没有穿登山服、背登山包，周围也没有任何登山工具。

这实在是有点蹊跷。带着种种疑问，西蒙夫妇决定放弃这一次的登山计划，拍了一张现场照片，下山后立刻向奥地利警方报了案。

一开始，警察只把这个当作一起普通的失踪案，他们派了一个救援队，试图将遗体从冰块中营救出来。没想到当时的环境特别恶劣，救援难度非常大。救援队员想尽了各种办法来破冰。他们看到旁边刚好有一根木棍，就顺手拿过来撬冰，结果当然是毫无效果。接着，他们又用充气钻来碎冰，结果不小心破坏了尸体的臀部。

这实在是有点痛心，救援队员随手拿起的木棍后来经过研究，其实是一把古人使用过的弓，而被破坏的臀部则可能会对后续的研究造成巨大影响。当然我说这些，都是“事后诸葛亮”了，毕竟当时的救援队，都以为这是一名不幸遇难的登山队员。

到了第五天，遗体才被艰难地“营救”出来，连同附近散落的一些物品，一起被运下山保护了起来。

但是，在对遗体及其物品进行初步检查之后，奥地利当局觉得事情恐怕没那么简单……

我们来看看被一起带下山的有哪些物品：一些兽皮、一把铜斧、一把匕首、一把木弓，以及装着弓箭的箭袋。这看着哪是一位登山者，分明是个全副武装的猎人啊。

于是，他们请了一名叫做康拉德·斯宾德勒的考古学家来做了简单的分析。他仔细考察了物品中的一把铜斧，根据它的样式和做工，结合类型学分析。斯宾德勒初步判断，这具尸体至少有着4000年以上的历史……

“阿尔卑斯山上发现了一具保存完好的、至少有4000年历史的尸体。”消息一放出来，无数学者立刻趋之若鹜。有的学者通过提取部分露出的骨骼样品，进行了碳14测年，结果出乎意料：这具尸体生活在公元前3350年到3100年左右的新石器时代，比之前预估的4000年，整整早了1300年。这是个什么时间概念呢？也就比埃及最早的木乃伊早个大约1000年，和我国良渚文化的年代上限相当。而目前为止，我们在良渚文化的遗址中发现的，都是古人们留下的遗物，即使是古人的遗体，也都是一堆堆皑皑的白骨。

毫无疑问，这是迄今为止世界上发现的年代最古老、保存最完好的冰冻木乃伊。由于它是在阿尔卑斯山的奥茨山谷发现的，因此被命名为“奥茨（Otzi）冰人”。

这里还有一个小插曲，奥茨山谷位于意大利和奥地利边境的交界处，最初冰人是由奥地利当局保管的。但意大利政府认为，冰人是在自己国家这一边发现的。争执了几个回合后，双方谁也不服谁，最终决定各自派遣测绘专家对冰人发现的地点进行严密的测量。结果是，冰人的发现地点是位于距离国界线92.56米的意大利境内一侧。所以现在，冰人被保存在山脚下的意大利博物馆。

● 巧合中的巧合

现在，我们又得抛出那个老生常谈的问题了：奥茨冰人究竟是如何保存下来的，而且保存得如此完好呢?

我们知道，一具尸体能够摆脱时间的侵蚀，除了类似埃及木乃伊那样采用了复杂的人工手段外，大多数都是由于偶然的原因，是环境和运气的双重结果。

首先，我们先来看看环境。奥茨冰人死在了海拔 3000 多米的雪山上，常年的冰雪将尸体掩埋在厚厚的积雪之下，死亡后迅速冰冻，这极大地阻止了微生物的滋生，延缓了尸体的进一步腐化。所以即使经过了数千年，尸体的各个身体器官仍然保存完好，只是因为脱水的原因变得干燥罢了。

讲到这里，一些学理科的同学可能会反驳："冰川它本身的运动难道不会对尸体造成破坏?"的确，在重力的作用下，冰川会发生不同程度的位移。而被冰川裹挟的尸体，它的组织器官很容易受到冰川运动的影响发生位移。根据研究，阿尔卑斯山冰川大约每年移动 30 米，照这个速度估算的话，仅仅需要几百年的时间，奥茨冰人的遗体就会达到融冰底部的边缘。

可事实是，奥茨冰人身体的各个部位都保存得很完整，丝毫没有被撕裂的痕迹，为什么呢?

这就得提到另一个巧合了。原来好巧不巧，奥茨冰人死后倒下的地方，正好是一块岩石的凹地。这是一个天然的、稳定的冰柩，冰川只会不断地在尸体的上方流动，不会对尸体产生任何影响。

而更巧合的是，如果不是因为气候的变化，一场来自撒哈拉的风暴在冰层上覆盖了一层尘土，冰雪吸收阳光融化后，露出了暗黄色的皮肤；如果不是因为西蒙夫妇恰巧经过此地，又好奇地向前看了看，那么我估计，奥茨冰人或许还得在这雪山中孤独地待上好些日子。

● 时间胶囊

在一开始，我们提到了时间胶囊这个概念。从某种意义上说，奥茨冰人就是个完美的时间胶囊。它保存完好，四肢、皮肤、内脏都毫发无损，甚至连消化道中的残留物都完好地保存下来了。它死前携带的工具，铜斧、匕首、弓箭，就放在它死前的位置，没有被人扰乱过。所以，奥茨冰人对于考古学家、人类学家来说，简直就是个宝贝疙瘩，从它被发现的那一刻起，无数的研究者都想对它进行研究。

最初，因为受限于技术条件，冰人一直被放在一个零下六摄氏度、湿度99%的恒温恒湿的特制储藏室中，发现之后的二十余年来，一直冷冻保存着。这样的冷冻状态，对于调查研究是很有局限性的，研究者只能观察身体表面，但是胃、脑这些身体内部的器官却是他们最感兴趣的东西。直到2011年，鉴于医疗技术已经趋于成熟，研究者们才向政府申请，对冰人进行完全解冻研究。

整个研究，专家们提取的样品多达149个。那么通过这些样品，研究者们发现了哪些有意思的信息呢?

最基础的，当然就是冰人的基本信息了。它是一名大约45岁的男性，身高约160厘米，体重50千克上下，穿着38码的鞋子。这些体貌特征，也比较符合当时欧洲新石器时代晚期成年男性的平均数据。

研究者提取部分骨骼进行DNA分析后发现，冰人有个特别有意思的疾病：乳糖不耐症。患有这种疾病的人，体内不产生分解乳糖的乳糖酶，如果摄入大量乳糖，会产生腹泻、腹胀这些症状。乳糖不耐症是由基因决定的，大多数白人他们终生都能够消化乳糖，而像我们东亚人、撒哈拉沙漠以南的非洲人和美洲、大洋洲的原住民，则大多数不能。对的，你我，包括我们身边的大部分人，都有乳糖不耐症，但为什么大部分人平常喝牛奶没事呢？因为这只有在摄入超过一定量之后才会出现。这一发现至少表明了，在冰人生活的那个时期，生活在阿尔卑斯的人们的基因还没有开始分化，之后由于牛、羊等家畜的驯化，人们开始日常摄入奶制品，基因逐渐变异，到现在，85% 的生活在阿尔卑斯的现代人都能消化乳糖成分。

除此之外，研究者还在冰人的胃里提取出了一个 200 克重的硬块，这是冰人临死前吃的食物。通过显微镜观察发现，这里面包含了多种食物，其中就包括动物的脂肪和毛发。这说明，冰人曾经食用过多种兽肉，吃得最多的，是一种叫做羱羊的山羊，它们生活在阿尔卑斯山，自古便是人类的盘中美味。

胃里还检测出了小麦，并且还有用水加工过的痕迹。此外在肠内还发现了煤烟的粒子。这三种元素融合在一起，强有力地证明了，当时的人类已经懂得在小麦粉里掺水揉捏，然后用火烤制成面包了。5300 年前，冰人已经吃上了面包。

现在学界一般认为，面包发源于一万多年前的美索不达米亚地区，考古学家在约旦东北部一个叫 shubayqa 1 的遗址发现了面包碎屑的沉积物样本，通过年代测定，这些碎屑的年代距今达 14400 年。这说明，那时候的先民已经学会用水搓揉小麦粉加以烘烤，这便是面包的雏形。埃及最早的烤制面包，大约出现在八千年前，至今在大英博物馆还保存着珍贵的实物。但是，以前的发现，都是集中在像古巴比伦文明、古埃及文明这些公认的文化发达地区，而像阿尔卑斯山这样的“苦寒之地”的人们，居然也能吃上面包，而且还能吃到多种肉类，看来，这一地区的原始文化的生活水准，比我们想象中要高……

● 文身

在所有的研究中，我认为最离奇的，是学者们在冰人的身体上发现了 61 处褐色斑纹。这些斑纹样式各异，左膝内部是十字形的图案，腰部有 6 道长达 15 厘米的直线图案，脚踝处还有大量的平行线条。

一开始，研究者们不明白这些斑纹的含义，后来提取斑纹处的皮肤样本，分析其中的成分，发现这些颜色居然是烟煤，这证明了这些斑纹是文身的痕迹。

古往今来，人类都热衷于用色彩和图案来装饰身体表面，以此来达到审美、崇拜或是显示社会地位等各种不同的目的，而文身则是很重要的一部分。根据民族学资料的记载，最初的文身可能是在偶然情况下发生的，受伤的伤口无意间揉进了灰尘或沙土，愈合之后就留下了一个永久的标记。

考古学中发现过很多类似的文身的案例。阿尔泰地区常年酷寒，那里的墓地因为常年积水冰冻不化，所以墓内的棺椁和其他遗物，尤其是一些有机物保存得非常完好。1948 年，那里发掘出了一具女尸，被称为阿尔泰“冰公主”，她的身上有很多动物图案的文身，比如左肩上就文着一只长着秃鹫喙和茸角的鹿。古埃及文明中也有类似的发现。19 世纪末 20 世纪初，法国的考古学家在埃及发现了一具可以追溯到古埃及第十四王朝的女性木乃伊，她身上的文身主要由菱形图案组成，分别文在了右侧大腿中部、左肩、胸部等等地方。

毫无疑问，冰人在自己身体上费尽心思、同时还要忍受疼痛刻下这些文身，肯定是带有某种目的的。那么，她为什么要文下这些文身呢?

在一段时间内，研究者们都没有给出很有说服力的解释。后来，一位名叫利奥波德 · 道尔福勒的针灸医疗专业的医学博士在仔细比对了文身所处的位置之后，惊人地发现，几乎所有位置都与现代针灸的穴位相吻合。例如，脚踝处的十字文身，与中医的昆仑穴完全一致。在针灸中，昆仑穴位于足部外踝后方，外踝尖与跟腱之间的凹陷处。背部刻的三个文身，与胃俞、三焦俞、肾俞三穴吻合，它们分别位于腰椎部位。

更为巧合的是，在中医中，这些穴位均是治疗腰痛的穴位。昆仑穴，出自《灵枢 · 本输》，在足部外踝后方，外踝尖与跟腱之间的凹陷处，主治头痛、目眩、腰痛等；胃俞、三焦俞、肾俞分别位于腰椎部位，主要治疗腰痛、背痛。所以利奥波德 · 道尔福勒博士大胆提出假设，这些文身体现了原始先民的早期医术和医疗，类似于我国中医的针灸疗法，是为了治疗冰人的疾病而设置的。

之后，有研究者对冰人的 X 光照片进行了分析，发现冰人的腰椎前移，椎间盘有损伤，这说明，冰人活着的时候，腰痛得一定很厉害。这从侧面佐证了利奥波德 · 道尔福勒博士的假设。

写到这里，我不禁迷惑了起来。在我的认知中，中医针灸疗法，是我国特有的医学体系。公元 200 年左右，后汉时代编纂的《黄帝内经》，提到了“腧穴”，这应该是最早的有关穴位的记载。西晋时期的皇甫谧著有《针灸甲乙经》，是我国现存最早的一部理论联系实际的针灸学专著。而皇甫谧凭借着这一部书，被后世称为“针灸鼻祖”。到了北宋时期，由于经过了唐末五代的藩镇割据，长期战乱导致了很多医药典籍在战火中佚失，所以当时针灸技术的发展出现了停滞，甚至倒退。于是宋仁宗命令翰林医官王惟一督造针灸铜人两尊，从而为中医的腧穴定位统一了标准。这两尊针灸铜人被后世称为“宋天圣铜人”，全身共有354个穴位，内部中空。据说，在针灸会试的时候，铜人内部会注入水银，体外涂上黄蜡遮住穴位，应试者根据考官所报的穴位下针，如果扎中，则“针入而汞出”。

由此，我们可以看出，我国古代的针灸技术，是在数百年间不断累积知识和经验的基础上才形成的医疗技术，与之相似的疗法，却在距今5300年的冰人身上出现了，这究竟是什么原因呢？这或许要等学者们进一步的研究了。

● 稳定同位素分析

除了上面这些有趣的研究成果外，对奥茨冰人的研究，还引入了许多新型的科技手段。在这里，我给大家介绍一种考古学中常用的研究方法：稳定同位素研究。澳大利亚地质学家沃尔夫冈·穆勒（Wolfgang Muller）通过提取冰人的牙釉质和骨骼中的同位素，结果发现冰人是在阿尔卑斯山区的

Eisack 河谷中长大，人生的最后几年，才往西北方向迁移，在 Vinschgau 地区度过了最后的岁月。

这里主要依靠的，是氧同位素和锶同位素。

在自然界中，氧原子有两种存在方式，一种是稍轻 O16，另一种是稍重的 O18。下雨时，含重同位素的水分子会最先落下。云飘得越高，水雾中所含的重同位素就越少。所以我们可以通过测定同位素的比率，来判断海拔高度。一般来说，海拔越高，降雨中的重氧同位素比率就越低。

而我们的水源，基本上来自自然界的降水。当我们喝水时，氧同位素就会侵入我们的骨骼，渐渐地，骨骼中氧同位素的比率就会与外界环境保持一致。换句话说，知道了骨骼中的氧同位素比率，就能够判断我们所处环境的海拔高度了。

但是，有一处骨骼是个例外，那就是我们的牙齿。

我们牙齿的最外层，被称为牙釉质，一般来说，人的恒牙会在 12 岁左右完全发育成熟，一旦牙釉质发育成熟，内部的氧同位素比率就会被永远锁定，之后，无论你去往哪里，是平原，是丘陵，还是高地，它的氧同位素比率永远不会改变。

讲到这里，聪明的你可能发现了，人牙齿中的氧同位素，记录的是幼时的居住情况，而其他骨骼中记录的则是死前一段日子的居住情况。由于阿尔卑斯山区从奥茨冰人所处的年代至今，气候变化都不大，所以在相同的海拔高度下，现代水质中的氧同位素比率应该和远古时代相差无几。

利用这些原理，穆勒提取了少量奥茨冰人的牙釉质和骨骼样品，然后与附近的现代样品进行了比较。结果发现，冰人牙齿中的O18同位素含量多于骨骼之中的含量，由此推论他早前在低海拔地区生活，后来迁至高地，两地间的海拔大约相差1000米。

问题又来了，这样的结论还是过于模糊，低海拔地区，具体是在哪里呢？这个问题，考古学也能够给你答案。

锶元素，是第二类主族元素，它的化学性质非常活泼。和氧元素一样，我们体内的锶同位素也与环境中的保持一致。而不同的地区，它们环境中的锶同位素比例各不相同，上海与苏州的比例不同，甚至静安区与普陀区的比例也不相同。

结果表明，奥茨冰人的童年，是在其死亡地东南方的谷地度过的。这一片地区，符合条件的只有Eisack河谷。巧合的是，Eisack河谷出土的石碑上，还刻有与冰人所携带的铜斧相似的工具。而到了人生的最后几年，奥茨冰人才往西北方向迁徙，并最终死在了那里。

不过，他究竟因何种原因，离开了居住半生的家乡，我们就不得而知了……

● 冰人死亡之谜

冰人的最大谜团，是其令人费解的死因。这个原始人，究竟是因为什么死在了阿尔卑斯山海拔 3210 米的地方呢?

这一问题，自从冰人被发现之日起，讨论就没停止过。一开始比较流行的说法是，冰人是在外出狩猎时，突然遇到天气恶化，结果就被冻死了。这一说法直截了当，一度被广泛接受。

但到了 2001 年，保罗 · 科斯特纳博士在观察冰人胸部的 X 光照片的时候，有了新的发现。在照片上，冰人左肩的后半部位，有个约两厘米的黑影，隐约呈现出三角形的形状。通过对比研究，保罗 · 科斯特纳博士认为，这是弓箭尖端部分的箭镞。所以他推测，冰人的死因是由于中箭后引起的动脉大出血。

于是，一种叫作“祭祀说”的说法登场了。提出它的是大名鼎鼎的约翰 · 莱因哈德博士。他是著名的人类学家、考古学家，曾在亚利桑那大学获得人类学学士学位，之后又在奥地利的维也纳大学攻读人类学博士学位。同时他还特别热衷于探险，从 1980 年起，就一直穿行在秘鲁、智利、阿根廷等地的高山上。1995 年，约翰 · 莱因哈德在安第斯 6000 多米的高山上，发现了著名的冰冻少女“胡安妮塔”。根据研究，“胡安妮塔”是作为印加帝国向神明祭祀的活人祭品被杀害在高山上的。而巧合的是，冰人的死亡地点，也是在高山之上。根据这一共同点，约翰 · 莱因哈德博士认为，冰人很有可能是用于祭祀的祭品。

然而，前面我们提到的那次对冰人的全面检查，又对祭品说产生了挑战。这关键证据，就是科学家们从冰人的肠内提取出的植物孢粉。

植物孢粉，是孢子和花粉的总称，它们都属于植物的生殖细胞。花粉是种子植物（被子植物和裸子植物）产生的单细胞结构，它携带着精子以方便受精。而更“低等”的孢子植物不产生花粉，只产生一种复制体，称为孢子。孢粉的体积很小，直径只有几十微米，看上去微不足道，但对考古学的研究有很大的帮助，主要是因为它有几个方面的特质。

首先，孢粉的外壁成分非常奇特，具有耐酸碱、耐高温、耐高压、抗氧化的性质，能够适应各种极端复杂的环境，所以即使经过了漫长的时间，孢粉也能够保存下来。其次，孢粉的数量非常多，毕竟它是作为生殖细胞而存在的，担任的是繁殖的任务，这又极大增强了保存下来的概率。最后，植物学家在对大量孢粉形态的观察中，发现不同植物孢粉的形态是不一样的，这一点很重要，我们可以根据孢粉的形状、表面纹饰特征等匹配出植物的种类。而不同植物的生长环境、气候特点和地理环境都是不一样的，这样，我们就可以通过分析孢粉信息去解读古人的食、住、行等生活环境。

很多时候，我都觉得，考古学研究和刑侦断案很相似，都是讲究通过证据来推理出结论。植物孢粉分析就特别能体现这一特点。不信？咱们接着讲下面的故事。

人在进食的时候，花粉会和食物一起进入体内，随着时间过去，经过小肠、大肠再从肛门排出体外。这就构成了一条完整的链路。对冰人的调查结果显示，在肛门附近检测出了枞木的花粉。枞木，又被称为冷杉，主要分布在欧洲、亚洲、北美洲、中美洲及非洲最北部的亚高山至高山地带，比较适应温凉和寒冷的气候。在大肠的中间部分，检测出了生于较低处的桦木、云杉的花粉。而在小肠末端，又检测出了枞木花粉。

根据这些花粉种类以及人类的消化速率，我们大致可以勾勒出冰人在临死前的行动轨迹：在死前 55 至 33 小时，他身处在枞木生长的高地。之后开始下山，死前 12 至 9 小时来到了桦木茂盛的山麓。再之后，他又登山穿越了位于山腹的云杉林，死前几小时回到了枞木生长的高地，最后死在了山顶附近。

也就是说，冰人在自己死前的两三天内，曾不断地在崎岖的山路上艰难行走。如果是作为被供奉的祭品，他肯定没有必要这样不停地奔波。看上去，反倒像是在躲避某种追捕。

“追杀说”于是应运而生。

不过，植物孢粉分析终究是间接证据，并不能让“追杀说”板上钉钉。那么，冰人究竟是祭品，还是被人杀害的呢？决定这场争论的重要线索，在那场解冻中终于被发现了。通过对从冰人脑内取出的样品进行分析，我们发现了冰人脑内有大出血，其体量足以让他死亡。而恰巧，冰人右眼上方有一处裂痕，从伤痕的形成状况和深度来看，可知这是遭人猛烈殴打的结果。

结合前面所说的箭伤，研究者们逐渐勾勒出了冰人死前的画面：在距今 5300 年前的某一天，一位全副武装的猎人出现在了阿尔卑斯山，为了躲避仇人的追杀，他不得不一路潜逃。长时间的跋涉耗尽了他的精力，在阿尔卑斯山山顶，他似乎已经无路可退，突然一支箭从背后射中了他，他应声倒地后头部撞上了地上的石头，导致脑内大出血，最终一命呜呼……

十一

奥杜威峡谷

在本章的开始，咱们先来幻想这样的场景：在一个深邃的月夜，天际中闪烁着忽明忽暗的星光，微风吹拂下，你静静地坐在原野之上，突然如一名哲学家一样开始思考：我是谁？我从哪来？又要往何处去？

或许，几万年前的古人类，也曾坐在相同的地方，面对着只属于自己的璀璨星月，开始苦苦思考，我到底是从哪里来的？

对啊，我们人类，究竟是从哪里来的呢……咱们今天就来聊一聊人类起源的故事。

● 围观考古现场：路易斯·利基与奥杜威峡谷

要聊人类的起源，咱们肯定得把视线挪到非洲了。这次的主角，是一个叫奥杜威峡谷的地方。

古老而神秘的非洲东部，孕育了世界上最大的裂谷带，这就是著名的东非大裂谷，它全长6000公里，深度可达2000米，宽度在30至100公里之间，简直就是地球上一条被撕裂的伤疤。据说，宇航员在太空中也能清楚地看到这一条“伤疤”。

根据地质学资料的显示，大裂谷形成的原因是地壳断裂在3500万年前，非洲板块和印度板块的拉伸，使得地壳发生了大断裂。新生代的时候，由于板块的构造运动和火山喷发，这里形成了多种多样的自然景观：高原、谷地、湖泊、河流、瀑布、峡谷……如此丰富的景观，孕育了大量的动物、植物，也成了人类生活繁衍的“天堂”，是世界著名的人类及其文化的起源地。

奥杜威峡谷，正是东非大裂谷中的一个东西向的峡谷。它位于坦桑尼亚北部维多利亚湖的东部，长约50公里，深约900米。据说在奥杜威峡谷中有一种植物非常耐旱，能够在任何土、石质土壤中生长，叫做“奥杜威”。在奥杜威峡谷，这种植物非常普遍，所以当地人就用它的名字为峡谷命名。

古老而隐秘的奥杜威峡谷初次为人所知，是在 1911 年。那一年，一位德国的昆虫学家在非洲捕捉昆虫标本，兴许是不熟悉环境，他一不留神，差一点就跌到了深深的峡谷中。好在他及时抓住了边上的树枝，才捡回一条性命。惊魂甫定，他发现峡谷周围的岩壁上，竟然埋藏着许多动物化石。虽然他不知道这些化石具体是什么，但出于职业的敏感性，他顺手带了一些样本回到了柏林。

这个险些让他丧命的峡谷，就是奥杜威峡谷。而这些被带回的化石标本，逐渐引起了一些人的注意。

两年之后，一个以德国考古学家汉斯 · 雷克为首的考察队来到奥杜威作详细调查。可是没调查多久，第一次世界大战爆发，考察队不得不中止工作。战后，由于雷克无法再申请到足够的经费再次调查，无奈之下他只能写信告诉他的朋友路易斯 · 利基，笃定地认为在奥杜威能够找到早期人类的工具和居住场所，希望他能够继续调查。

至此，我们的主人公终于登场了。在过去的一个世纪，路易斯 · 利基这个名字，是整个旧石器时代考古史上，特别是人类起源研究方面熠熠闪光的名字，无数人受了他的影响，开始走上探寻人类起源这条道路。他和他的妻子玛丽·利基，还有儿子理查德·利基、儿媳妇米芙·利基，以及孙女露易丝·利基一家三代，发现了一大批重要的人类化石，解决了一系列与人类起源演化有关的重大理论问题。

1903 年，路易斯·利基出生在肯尼亚首都内罗毕附近的一个英国传教士家庭。他的父母是英国驻派在肯尼亚吉库尤（Kikuyu）部落的传教士。吉库尤族在肯尼亚中南部高原地区，是肯尼亚最大的民族，总人数约 400 万。路易斯从小生活在部落中，他对鸟类非常感兴趣，经常会到野外去寻找和观察鸟类。在野外嬉戏打闹的那些日子里，他还能时不时地发现一些用石头制作的箭头和工具。

正是这些经历，在路易斯的心中种下了考古学的种子。1922 年，路易斯在剑桥大学开始了他的大学生涯。按照父亲的计划，路易斯原本会成为一名传教士。可是幼年时的兴趣爱好让他对古物始终保持着极高的热情。一个偶然的机会，他加入了英国自然历史博物馆的野外考古队，去东非寻找恐龙化石。考察结束后，他更加确信自己想要从事的方向，于是毅然改读了人类学系，从此，开始了自己充满传奇的一生。

1926 年，路易斯获得了人类学与考古学学位，并回到肯尼亚工作。1931 年，受到汉斯·雷克的影响，路易斯·利基和他的妻子玛丽·利基正式来到奥杜威考察。没想到这一待，就是几十年。

在那些日子里，夫妻俩一直住在帐篷中，既不怕风雨，也不怕毒虫毒蚊的攻击，陪伴他们的，只有几条猎狗。夫妻俩在峡谷内一遍又一遍地调查、走访、发掘，发现了上千块动物化石和几百件人工制作的石器，这些发现证明了这里曾经有过早期人类生活。但遗憾的是，他们一直没有发现早期人类生活最直接的证据——古人类的化石。

但好运毕竟来了，尽管晚到了一些时间。

那是1959年7月的一天清晨，当第一缕阳光洒向奥杜威峡谷时，整个峡谷就如往常一样宁静。路易斯因为感冒，选择留在了营帐里休息，玛丽就独自一人，到峡谷中的挖掘现场去搜寻古人类的遗迹。如程序般地，她沿着前不久刚勘探的山坡仔细地来回探寻，突然间，她看见前方的土块中隐约露出了一块骨头，从轮廓来看，似乎与以往发现的动物骨骼都不太一样。玛丽轻轻地把土翻开，又有两颗牙齿露了出来。这时，她意识到，今天可能是挖到宝了……

兹事体大，玛丽不敢轻举妄动，于是小心地在地上做了标记，就立马驾车赶回了营地。

在营地里休息的路易斯听到汽车早早回到营地的轰鸣声，

还以为玛丽半路遇到不测了呢，隐约间，他听到玛丽大老远在那里叫喊着："路易斯！我找到了！我找到了！"

几十年的默契，让路易斯一下子明白了这句话的含义。他兴奋得连头痛也忘了，急急忙忙跳上了汽车，赶到了化石地点。

经过十几天的努力，他们共发掘和筛选出了400多件骨骼碎片。他们把这些骨骼仔细地修复、拼接，最终复原出了一个比较完整的男性头盖骨。这个头骨特别粗壮，牙床上还带有硕大的臼齿。为了感谢曾经支持他们在东非工作的鲍伊斯，利基将这一人种命名为"东非人鲍氏种"。后来，学者们认为"东非人鲍氏种"虽然与过去发现的南方古猿不同，但也算是南方古猿系统的一个种属，所以今天的学术界将"东非人鲍氏种"改为了"南方古猿鲍氏种"。

不过，疑问还在持续，仅仅从脑容量来看，"南方古猿鲍氏种"的头骨实在是太小了，仅仅只有600毫升。要完成制造石器、甚至狩猎这种复杂的行为，显得有些"力不从心"。那么，这些在奥杜威峡谷发现的石器，到底是谁制造的呢？

说起来，历史还真的挺眷顾利基这一大家子的。20世纪60年代，路易斯·利基的儿子乔纳森·利基在发现"东非人"头骨的地点附近，陆陆续续发现了一些头骨和附有牙齿的下颌骨。

与已知的南方古猿相比，这些头骨片相对较薄，说明它们的身体更加轻巧，而且颊齿较小，最重要的是这些化石的脑容量比“东非人”几乎大出50%。

路易斯·利基相信，先前发现的那些石器，就是这些人种制造的，所以将其命名为“能人（Homo habilis）”，也就是“手巧的人”，暗示这个物种能够制造工具。

● 能人与奥杜威模式

从20世纪30年代开始算起，到1972年心脏病发作意外去世，路易斯·利基在奥杜威峡谷埋头苦干了将近半个世纪。在这小半个世纪里，路易斯·利基一家，一直过着艰苦的生活。他曾经回忆，在奥杜威峡谷，全家的饮用水都是从营地附近的水潭里取来的，而这些水潭都是非洲犀牛和其他大型野生动物经常喝水的去处。所以这些水中常常混杂着非洲犀牛的尿味，迫不得已，只有用木炭将水过滤，然后烧成开水，再放些柠檬在水里，以去除那股令人反胃的尿味。

说到这里，你可能会纳闷，为什么路易斯·利基如此执着，即便是要忍受这非人的生存环境，也要在奥杜威峡谷“一根筋到底”呢?

这就得说到当时学术界的整体环境了。

1859 年，达尔文发表了《物种起源》，揭开了“人类从来没有经历过的最伟大的、进步的变革”（恩格斯语）。虽然达尔文的进化论思想具有划时代的意义，但在当时，却被认为是亵渎了人类的尊严，更是激怒了神权论者。生物并非由神创造，人类也不是上帝的杰作，而且人竟然是由猿猴演化而来，这不是荒谬至极吗?

不过，此后在世界各地陆续发现的古人类化石，有意无意地佐证了达尔文的观点。从 1890 年起，荷兰解剖学家尤金·杜巴斯在印度尼西亚的爪哇岛陆陆续续地发现了一些古人类化石。其中以 1891 年发现的一个头盖骨和次年发现的一根股骨最为重要。后来这批古人类化石被命名为“爪哇人”。

1926 年，瑞典考古学家安特生宣布在北京周口店发现了两颗人类的臼齿化石。1929 年，裴文中在周口店发现了第一个完整的头盖骨化石。从此，周口店“北京人”遗址开始为世人所知，也强有力地证明了达尔文“从猿到人”的假设。不过，由于这一阶段发现的猿人化石都集中在亚洲，所以当时学术界普遍认为人类起源于亚洲。

这一点，与达尔文的理论相悖。在达尔文的认知中，人类应当发源于非洲，他说：“在世界每个大区域中，同一区域里现存的哺乳动物与进化出来的物种密切相关。非洲现存大猩猩和黑猩猩两种猿，所以与它们有紧密关系的绝种的猿类过去也可能生存在非洲，又因为这两种猿是人类最近的亲属，所以我们的早期祖先也更有可能生活在非洲而不是其他地区。”

作为达尔文理论的坚实拥趸，同时也因为自己从小在非洲长大，路易斯·利基偏偏坚信，非洲才是人类起源的关键地区。为了证明自己的观点，他义无反顾地投身于非洲的发掘工作。

另一方面，奥杜威峡谷所在的东非大裂谷，这个地区几百万年以来一直有大量的火山喷发，造成的火山沉积为同位素年代测定提供了良好的材料。这里使用的测年方法，不是我们熟知的碳 14 测年，而是钾氩法。和碳 14 测年类似，钾氩法利用的也是同位素放射性衰变的原理。

钾是地球上最丰富的元素之一，在火山喷发后，火山岩中的放射性同位素钾 40 会稳定而缓慢地衰变成惰性气体氩 40。而钾 40 的半衰期大约为 13 亿年，所以我们只要测算火山岩中氩的含量，就可以测算其从冷却以来的时间。

这种方法，特别适合有频繁火山活动地区的遗址的测年。

也正是依靠这一方法，利基夫妇准确测出了“东非人”生活在 175 万年前，而“能人”大约生活在距今 280 万年到 180 万年前。

那么，“能人”的发现，究竟有什么意义呢?

目前学术界讨论人类起源问题，其实存在两个不同的概念。一个是早期人类的起源问题，另一个是现代人的起源问题。关于现代人的起源，我们留到下一节详细讲述。而在研究早期人类的起源问题上，“能人”是非常重要的一环。

在 6500 万年前的古新世时期，灵长类开始出现。灵长类祖先经过几千万年的演化，分化为猿与猴。再后来，随着气候和环境的变化，生长在东非的古猿开始下到地上生活，这就是目前所知最早的人科成员，地猿和南方古猿。为了适应全新的生存环境，它们又发展出了直立行走、使用和制造工具等新技能。其中，南方古猿中的一支发展成了“能人”，继而进化成直立人，并在大约 200 万年前走出非洲，扩散到了亚洲和欧洲，这就是早期人类的起源。

毫无疑问，在这场从猿到人的漫长进化中，“能人”是一个关键性的人种。

说到这里，你肯定很好奇，当时的“能人”是如何生活的。实在很可惜，将近 200 万年的时间跨度，足够摧毁绝大部分物质，有幸保存下来的，除了那些零散的头骨外，就剩下“能人”使用过的石器制品了。所以考古学家们，就绞尽脑汁地在这些石器上获取信息。

20 世纪 60 年代，英国剑桥大学有一位名叫格拉姆 · 克拉克的考古学家，他经过长年累月的观察和对比后，把人类在石器时代使用过的所有的石质工具，按照工艺技术分成了六种模式，分别是：奥杜威模式、阿舍利模式、莫斯特模式、石叶模式、细石器模式、磨制石斧和石锛模式。

这最初级的模式，就是奥杜威模式，主要以奥杜威峡谷出土的砍砸器为代表。其实早在 1931 年，路易斯 · 利基初次到奥杜威峡谷调查的时候，他就已经发现了石器。虽然在同年的 12 月，著名的《自然》杂志就已经刊登了这一惊人的发现，但直到 1936 年，路易斯 · 利基才正式启用了“奥杜威石器”这一词，他认为，奥杜威石器是由砾石或岩块制作而成的一系列石制品，是早期人类生活的必备工具。

奥杜威石器的制作其实非常简单。首先，你得选择两块合适的石头，然后用其中一块石头，在考古学上称之为石锤，以一定角度倾斜着锤向另一个石头，在考古学上称之为石核，如果力道得当，就可以在石核上剥离出一片具有锋利边缘的石片。这些简单的石核类和石片类石制品代表了石器生成的最早阶段，也就是所谓的奥杜威模式。

虽然奥杜威石器看上去非常简陋，但对人类而言，却是划时代意义的一大步。相比于南方古猿，“能人”不必再用赤裸的双手去费力地撕开动物尸体，而是可以利用工具来切割肉块、获取兽皮，甚至还可以敲碎骨头、吸取骨髓，食肉量大大增加，食物来源也拓宽了。这种杂食的食性促进了能人脑容量和其他身体机能的发育，最终导致了人类的进一步演化。

对石器工具的研究，还能为猿类和人类的分野提供额外的证据。印第安纳大学的尼古拉斯·托特（Nicholas Toth）在肯尼亚研究考古遗迹里的工具并做制造工具的实验时，发现了一个重要现象。那就是，奥杜威石器的使用者与现代人一样，使用右手的频率远高于左手。这和我们现代人一模一样。而猿类，虽然有的使用右手，有的使用左手，但两者的比例是差不多的。

托特的发现使我们对人类进化有了一项重要的认识，即大约 200 万年前，人属的脑子已经变成了真正的人脑。“能人”，确实是人类漫长进化历程中的一个关键性人种。

● 探寻现代人类的起源

前面我们讲到了，目前学术界讨论人类起源问题，其实存在两个不同的概念。第一个问题——早期人类的起源，我们已经做了简单的分析。现在我们来看看第二个问题。

首先，现代人其实指的是人类进化史上的另一个阶段：晚期智人。这是一个和前面聊到的南方古猿、“能人”都不同的人种。关于现代人类起源，目前学术界主要有两个主流观点。

第一种观点是“多地区进化说”。这一理论认为，人类最初起源于非洲，演化成直立人之后，部分群体在大约 200 万年前走出非洲，然后扩散到世界各地，并在各个地区独立地进化，最终发展为不同的现代人类。比如说，非洲、东亚的现代人祖先，就是当地的古老型人类，澳洲土著起源于东南亚，欧洲现代人与尼安德特人有一定的联系。当然了，各种族的先辈们，在不同地区向人类进化的过程中，自然存在着互相之间的交流与融合，人群间的迁徙、种族间的杂交，最终，对生存有利的基因就在整个人类之间扩散开来。

第二种观点是“单一地区起源说”，也就是 21 世纪以来在国内学术界特别流行的一个理论：“非洲夏娃理论”。

这一理论的结论很简单，可以用一句话来概括：我们现代所有人，都是 20 万年前生活在非洲的一位女性的后代。这一理论，我们可以详细地来了解一下，因为它是考古学这门学科不断发展，与其他学科不断融合的一个缩影。

这一理论其实隐含着三个关键词，分别是“非洲”“夏娃”以及“单一”。为什么是非洲而不是亚洲？为什么是所谓的女性祖先？又凭什么认为是单一起源地？别急，我们来慢慢梳理……

1953 年，沃森和克里克发现了脱氧核糖核酸（DNA）的双螺旋结构，标志着分子生物学的诞生。从此以后，我们不仅能在外部形态上，而且能从内部分子层次上研究人类自身的起源了。最早的时候，DNA 是在细胞核中被发现的。到了 1963 年，科学家发现了细胞的线粒体中也有 DNA，也就是所谓的 mtDNA。

根据遗传学的研究，父母双方的细胞核 DNA 都会遗传给子代，因此孩子既具有父亲的某些特征，又拥有着母亲的某些特征。但 mtDNA 呢，却是个异类。它的遗传方式十分独特，脊椎动物精子中的线粒体 DNA 不会进入受精卵，即使个别进入，也会很快分解。所以子代的线粒体 DNA 只来自母方，父方的线粒体 DNA 不会遗传给子代。也就是说，mtDNA

是严格的母系遗传，母亲传给女儿，再由女儿传给外孙女……

这是前提一。

另一方面，在基因组复制的过程中，DNA 有时候会发生随机错误。这种随机错误就是所谓的基因突变。根据研究，遗传突变累计的速率或多或少是恒定的，所以我们可以得出一个结论：如果两个基因组之间在任一片段上的差异密度越大，说明这两个片段距离最近共同祖先的时间就越长。换句话说，如果一个种族生存的历史越悠久，他们体内的 DNA 所积累的突变就越多。

这是前提二。

根据这两个理论前提，80 年代中期，美国加州大学伯克利分校的威尔逊遗传小组研究了世界不同种族居民的线粒体 DNA，结果发现，非洲居民之间的线粒体 DNA 差异最大，为 0.47%，亚洲人的歧异率为 0.35%，而欧洲人、大洋洲人的歧异率仅为 0.23~0.25%。根据前提二，这说明非洲人是世界上最古老的民族。

可是，如果我们将目光放开阔一些，去考察一下其他猿类，就会发现，猿类之间的线粒体 DNA 差异要比人类大 2-10 倍，这说明猿类的生存历史远比人类久远。而人类之间的那些线粒体 DNA 差异显得多么微不足道。再结合线粒体 DNA 是严格的母系遗传，威尔逊小组得出结论：“所有人类的线粒体 DNA 最终一定有一个共同的女性祖先……我们可以将这位幸运的女性称为夏娃，她的世系一直延续至今。”

威尔逊小组还认为，人类线粒体 DNA 的进化速度大约是每 100 万年 2-4%。根据这一速率推算，夏娃的生存年代大约在 14 万年至 19 万年之间。

到这里，我们已经解释了“非洲”和“夏娃”这两个关键词，那么“单一”又如何解释呢？威尔逊解释说，大约在 9 万年前，生活在非洲的一部分现代人，开始“走出非洲”，向世界其他地区迁徙。当时世界其他地方还生活着不同的人类，在亚洲有山顶洞人，在欧洲有尼安德特人等。

现代人到达各地之后，并没有与当地的原始人融合，而是纷纷消灭和取代了他们。这是因为，如果现代人与当地原始人有融合行为的话，那些与“夏娃”不同的线粒体 DNA 就会遗传下来，这样我们中间也就会有各种各样不同的线粒体 DNA。可事实呢？结论我们也知道了，并没有，现代居民的线粒体 DNA 是高度一致的。所以那些早期原始人一定是灭绝了，没有留下后代。看来，人类的发展历史，确实是一部血腥的历史。

好了，我们大致解释了“夏娃理论”的理论基础和具体内容。回过头来看，这个结论其实挺让人震惊的。全球 70 多亿人口，均由一位女性所孕育，这概率得低成什么样啊……不过历史恰恰是由诸多偶然性组成的，也许在那个遥远的过去，存在着一个庞大的族群，他们共同孕育了人类的后代，但由于各种原因，比如死亡、不育、早夭、只生男性等，其他女性并没有幸运地生下女性后裔。而只有“夏娃”，她所生下的女性后裔代代繁衍，并且日益昌盛，最终孕育了我们现在所有的人类。

这两种理论，各有各的依据，也各自拥有着诸多支持者。关于现代人起源的真相只有一个，究竟哪一种理论能够获得胜利，我相信只有时间能给出答案了……

考古专题

考古与盗墓有什么区别?

在很多人的眼里，考古等同于“官方盗墓”，民间甚至还有“考古白天作业，盗墓夜里点灯”这样的顺口溜。作为一个考古专业的学生，看到类似这样的言论，简直是要气晕过去……但是气归气，科普还是得做，不然大众的误解只会越来越深。

那么，考古与盗墓究竟有什么区别呢?

在具体解释之前，我想先讲一个故事。这是20多年前发生在湖北荆门的一起“古尸案”。这具古尸，是目前我国发现的第一具外形、骨骼基本保存完整的战国女尸，距今达2300年之久，比我们熟知的长沙马王堆汉墓出土的女尸还要早200年。如果这具古尸是由考古工作者经过科学发掘出土的话，说不定又是一个具有世界性意义的考古发现。只可惜，这位先人死后也不得安生，被一帮盗墓贼愚昧、野蛮地从古墓中盗出，肆意破坏，最终面目全非。

早在2000多年前的春秋战国时期，“楚文王始都郢”，楚国在荆门、江陵地区定都长达400余年。楚人看中了距离郢都20余里的纪山这块风水宝地，将其选为自己的皇家陵园。多少楚国贵族，就埋藏在这108平方公里的土地上。如今，这里现存有封土堆的墓葬近300座，无封土堆的平地墓更是数不胜数。

出土女尸的“薛家岗一号”古墓，就是纪山古墓群中的一座。只是这古墓并无墓冢，一片平地，上面长了一片金灿灿的油菜花，让人很难相信地下竟然隐藏着一座千年古墓。90年代之后，纪山这片土地上掀起了一股盗墓的狂潮。那些明显有封土堆的楚墓，早就被人刨开，被盗个七七八八了。所以要想赚钱，就得考虑那些不起眼的平地墓。而精准地判定平地墓葬的位置，方能显出盗墓贼的“水平”来。

1994年2月27日晚，天正下着小雨。四方乡郭店村村民郭永昌和砖桥村的盗墓老手李宜海等6人，趁着夜色，又一次来到一号墓“复水”（重新盗掘）。这个墓已经被多次盗掘，头厢、边厢早已被盗尽。忙活了半天，他们只从外棺摸出一件40厘米的木俑。“简直太划不来了！”于是，大家决定开棺。他们将七八寸厚的棺木凿开了一个大洞，用手电筒往里一照，发现里边赫然躺着一具保存完好的古尸。

大伙儿都没有遇见过这样的情况，纷纷吓得往后退。只有李宜海胆大包天，一把抓住古尸的头发，狠狠地扯下，说：“这把头发也许还能卖个大价钱。”这时候，突然有人提醒道：“毁了古尸可是要杀头的！”于是这伙盗墓贼急急忙忙地用稻草将棺木盖上，仓皇逃离了现场。

事件如果只发展到这里，那对古尸的破坏其实不大，毕竟它还保留在原生环境中。可是过了几天，“一号墓有一具古尸”的消息被另一个盗墓贼郭孝平得知了，他立刻纠集了9个人，在三更半夜的时候来到了古墓旁。这一次，他们直接用手在古尸嘴里乱剜一通，但并没有他们所企盼的宝贝。郭孝平气急败坏地说：“没有宝贝，这死鬼身上穿的、盖的也值不少钱！”于是，大家决定先把古尸拉到地上，再慢慢收拾它身上的衣物。

就这样，在地下安睡了2000多年的古尸被胡乱扯到了地面。但是古尸身上的丝绸衣物，因为放置年代太久，在拖拽过程中早已被抖落在棺木内外。不过，让盗墓贼更加吃惊的是，这具古尸历经千年风霜竟丝毫没有腐烂，而且四肢关节都能弯曲，肌肉还富有弹性，简直就是个奇迹。

“完了。这么好的古尸被我们搞成这个样子，我们怕是要坐牢，要被杀头！”几个胆小的盗墓贼吓出了一身冷汗。于是，他们干脆一不做二不休，将古尸推到30多米远的另一个被盗的墓洞里。接着又返回一号墓，将抖落的丝绸衣物装进了箩筐，又在头厢、边厢里打捞一通，摸出了两只栩栩如生的漆木凤鸟、两只虎座和两根鼓锤，这才逃离了现场。

“郭家岗一号墓”被盗这件事迅速传到了荆门市公安局，经过5个月的艰苦奋战，案情终于告破，犯罪分子受到了严厉惩处，被盗文物被缴回，那具历经磨难的古尸也被送进了荆门市博物馆，受到了科学的保护。

只是，曾经完好无损的古尸如今已面目全非，颈部上端留下了盗墓贼拖拽时的勒痕，头发也全没了，臂部、小腿、右手等处皮肤大面积破损。虽然事后科学家们对古尸进行了剖检，对古尸的保存状况和保存原因进行了研究，但由于古尸离开了原生的埋藏环境，古墓内部被破坏殆尽，尸体保存完好的原因、条件均缺乏研究依据，导致多项科研工作无法进行，实在是令人扼腕。

故事讲完了，相信大家肯定了解了，考古与盗墓远不是一回事。具体来分析，我觉得主要有这几方面的区别。

首先，考古与盗墓的“研究”范围不同。因为盗墓类小说的风靡，再加上近几年曹操墓、海昏侯墓等帝王墓葬的发掘，让大众产生了这样一种错觉：考古队和盗墓贼一样，只对墓葬进行发掘。但其实，考古的研究范围远不止墓葬。根据我国著名的考古学家、中国现代考古学奠基人之一的夏鼐先生的说法，考古学是根据古代人类通过各种活动遗留下来的实物以研究人类古代社会历史的一门学科。所以说，古代的城址、烧窑的窑址、冶金的矿址，甚至是古代战场……但凡是古人遗留下来的遗迹，考古队都要发掘，都要研究。而且，人类的整个历史时期，上至百万年前的旧石器社会，下至唐宋元明清，考古队都要研究。对比之下，盗墓贼则只对墓葬感兴趣，尤其是历史时期的墓葬，因为这些墓葬里的随葬品更加丰富。

其次，考古与盗墓感兴趣的对象不同。盗墓贼最感兴趣的，是那些可以卖出高价的文物，这些通常是世俗意义上的可以收藏的宝贝，例如金银器、瓷器、青铜器等。这些文物的价值当然很高，但在考古学家眼中，它们的重要性未必比得过出土的破碎陶器、不起眼的动物骨骼等。正是依靠这些盗墓贼瞧不上的“破铜烂铁”，考古学家才能够还原出古代人的生活。

比如说，牙齿是我们身体中最坚硬的部分，所以即使是几千年后，古人的身体全部腐烂了，牙齿也大概率能够保存下来。而这些牙齿，可以为我们提供很多信息。人类从狩猎采集转向谷物栽培，主食淀粉类的食物会造成龋齿发病率上升；水中如果含有过量的氟化物，则会使牙齿变黄。这些信息，都能够通过牙齿反映出来……

最后一点，考古与盗墓的目的不同。盗墓的目的很简单，也很纯粹，就是为了获得经济利益。而考古呢，那么多考古学家终其一生，就是为了复原古代的社会。为了达成这一目的，我们就需要用一套完整科学的法则，将发现的那些事实和现象转化成对过去有意义的解释。

目前，我国考古学流行的是所谓的“文化历史考古学”理论。它有这么几个特点，我给大家简单介绍一下。

第一，它是一种编年学导向的研究，将发现的考古资料用“考古学文化”加以归类，并以区域分布和时代早晚将它们以纵向的序列和横向的联系安排在一起。其实我们现在经常听到的良渚文化、龙山文化，都是从这儿来的。

所谓的考古学文化，说白了就是一群人所共同遵守的行为规范。比如同样作为良渚文化的居民，彼此之间都信奉相同的神灵，说着相同的语言，有着类似的丧葬习俗。

目前，文化历史考古学的研究方法，仍然是国内考古学研究的主流。